RITO DO JÚRI COMENTADO

artigos 413 a 497 do Código de Processo Penal

André Peixoto de Souza

Lucas Cavini Leonardi

Rua Clara Vendramin, 58 . Mossunguê . Cep 81200-170 . Curitiba . PR . Brasil
Fone: (41) 2106-4170 . www.intersaberes.com.br . editora@intersaberes.com

Conselho editorial Dr. Ivo José Both (presidente), Dr. Alexandre Coutinho Pagliarini, Drª. Elena Godoy, Dr. Neri dos Santos, Dr. Ulf Gregor Baranow ▪ **Editora-chefe** Lindsay Azambuja ▪ **Gerente editorial** Ariadne Nunes Wenger ▪ **Assistente editorial** Daniela Viroli Pereira Pinto ▪ **Preparação de originais** Ana Maria Ziccardi ▪ **Edição de texto** Letra & Língua Ltda. - ME, Monique Francis Fagundes Gonçalves ▪ **Capa** Luana Machado Amaro ▪ **Projeto gráfico** Mayra Yoshizawa ▪ **Diagramação** Charles L. da Silva ▪ **Designer responsável** Charles L. da Silva ▪ **Iconografia** Regina Claudia Cruz Prestes

Dados Internacionais de Catalogação na Publicação (CIP)
(Câmara Brasileira do Livro, SP, Brasil)

Souza, André Peixoto de
  Rito do júri comentado: artigos 413 a 497 do Código de Processo Penal/André Peixoto de Souza, Lucas Cavini Leonardi. Curitiba: InterSaberes, 2021. (Série Estudos Jurídicos: Direito Criminal)

  Bibliografia.
  ISBN 978-65-89818-55-7

  1. Direito penal - Brasil 2. Processo penal – Legislação – Brasil I. Leonardi, Lucas Cavini. II. Título. III. Série.

21-64452   CDU-343.1(81)(094.46)

Índices para catálogo sistemático:
1. Brasil: Código de processo penal comentado 343.1(81)(094.56)

Cibele Maria Dias – Bibliotecária – CRB-8/9427

1ª edição, 2021.

Foi feito o depósito legal.

Informamos que é de inteira responsabilidade dos autores a emissão de conceitos.

Nenhuma parte desta publicação poderá ser reproduzida por qualquer meio ou forma sem a prévia autorização da Editora InterSaberes.

A violação dos direitos autorais é crime estabelecido na Lei n. 9.610/1998 e punido pelo art. 184 do Código Penal.

Sumário

11 ▪ Apresentação

Capítulo 1
15 ▪ Da acusação e da instrução preliminar

Capítulo 2
25 ▪ Da pronúncia, da impronúncia e da absolvição sumária

Capítulo 3
73 ▪ Da preparação do processo para julgamento em plenário

Capítulo 4
83 ▪ Do alistamento dos jurados

Capítulo 5
91 ▪ Do desaforamento

Capítulo 6
105 ▪ Da organização da pauta

Capítulo 7
111 ▪ Do sorteio e da convocação dos jurados

Capítulo 8
117 ▪ Da função do jurado

Capítulo 9
135 ▪ **Da composição do Tribunal do Júri e da formação do Conselho de Sentença**

Capítulo 10
147 ▪ **Da reunião e das sessões do Tribunal do Júri**

Capítulo 11
179 ▪ **Da instrução em plenário**

Capítulo 12
197 ▪ **Dos debates**

Capítulo 13
225 ▪ **Do questionário de votação**

Capítulo 14
255 ▪ **Da sentença**

Capítulo 15
273 ▪ **Da ata dos trabalhos**

Capítulo 16
279 ▪ **Das atribuições do presidente do Tribunal do Júri**

287 ▪ *Considerações finais*
291 ▪ *Referências*
309 ▪ *Sobre os autores*

André Peixoto de Souza
Ao querido aluno e amigo Erik Taveira (in memoriam), jovem advogado e tribuno do júri que, no contexto pandêmico de 2020, tão cedo nos deixou.

Lucas Cavini Leonardi
À minha mãe, Maria Cecília (in memoriam), minha maior incentivadora. Saudade para sempre.

Os nossos agradecimentos às nossas equipes de escritório e gabinete, que, tanto na advocacia quanto na promotoria, prestam-nos imprescindível auxílio.

Igualmente, às nossas alunas e aos nossos alunos, razão de ser e destino imediato desta obra.

Ainda, à Editora InterSaberes, pela magnânima proposta editorial – concernente em publicar um curso completo de direito – e ao Centro Universitário Internacional Uninter, pelo convite e pela acolhida deste texto.

Apresentação

O presente livro nasce de um desejo arraigado por dois amigos companheiros de tribuna do júri (um advogado e um promotor) de oferecer a estudantes de direito e a iniciantes na seara do júri uma obra simples e objetiva, que lhes possa servir como guia para seu labor.

Os códigos comentados representam verdadeira tradição na práxis e no ensino jurídicos, assim como os manuais doutrinários dogmáticos. Aderindo, pois, a essa tradição, e sob a encomenda de escrever a respeito do Tribunal do Júri, optamos pela via da legislação comentada, sob verve crítica, do procedimento do júri.

Então, organizamos a obra com base nas respectivas seções do Livro II, Título I, Capítulo II, do Código de Processo Penal, Decreto-Lei n. 3.689, de 3 de outubro de 1941 (Brasil, 1941a), e alterações futuras. É exatamente aqui que se destaca, no ordenamento jurídico brasileiro, o rito de júri.

Seção por seção, de forma objetiva, mas sem descurar da profundidade que a matéria demanda, abordamos as duas fases desse procedimento especial. Iniciando pela instrução preliminar, tecemos considerações a respeito da primeira etapa, que vai do recebimento da oferecida denúncia pelo Ministério Público, passa pela resposta à acusação, até o final da audiência de instrução e julgamento, quando é prolatada uma de quatro decisões possíveis: pronúncia, impronúncia, absolvição sumária ou desclassificação.

Tendo em vista a importância dessas decisões, que, precluídas, encerram a primeira fase do procedimento ou o próprio processo, exploramos cada uma delas de forma detalhada, com forte amparo na melhor técnica legal e nos entendimentos jurisprudenciais recentes sobre o tema, a fim de, efetivamente, preparar o operador do direito para todos os cenários possíveis.

Seguindo na marcha procedimental, esmiuçamos os pontos importantes relacionados ao preparo do julgamento para plenário, momento fundamental e que deve ser utilizado de forma estratégica, seja em relação às testemunhas a serem arroladas, seja no que se refere às diligências requeridas.

Como não poderia ser diferente, em obra dedicada ao rito do Tribunal do Júri, apresentamos as principais observações relacionadas à figura do jurado, cidadão leigo convocado para julgar seus pares. Indicamos, aqui, não apenas as disposições legais que cuidam de disciplinar a quantidade de jurados sorteados, os requisitos para esse serviço e demais normativas pertinentes (como causas de impedimento, por exemplo), mas também comentamos a atuação prática dos autores sobre pontos típicos do cotidiano forense, como é o caso da escolha dos jurados para compor o Conselho de Sentença.

Como medida exclusiva do rito do júri, o desaforamento também é acuradamente explicitado ao leitor, com firme amparo nas principais lições doutrinárias sobre o tema.

Na sequência, no ponto alto do procedimento, a sessão de julgamento do Tribunal do Júri é apresentada com todo o detalhamento e tecnicidade exigidos. Exploramos a instrução em plenário e os ricos aspectos dos debates orais travados entre as partes, momento sempre muito aguardado pelos tribunos e espectadores da sessão de forma geral.

Após o estudo do julgamento em plenário, entramos na etapa da votação dos quesitos pelos membros do Conselho de Sentença, momento decisivo que redunda no efetivo veredito do júri. Diante de quesitos tão importantes ao deslinde dos fatos, apontamos observações técnicas relativas à redação do questionário a ser apresentado aos jurados, bem como às consequências das respostas ofertadas.

O veredito alcançado pelo Conselho de Sentença é refletido pelo juiz-presidente em sua sentença, cujas peculiaridades – como, por exemplo, a possibilidade ou não da execução imediata da pena – e formas de impugnação também estão devidamente esquadrinhadas ao longo do texto.

Iniciemos, então, nossa trajetória no procedimento relativo aos processos da competência do Tribunal do Júri (Capítulo II do Título I do Livro II do Código de Processo Penal).

Capítulo 1

Da acusação e da instrução preliminar

Neste capítulo, abordaremos a instrução preliminar, desde o recebimento da denúncia pelo magistrado, seguindo os demais atos da primeira fase do rito do júri.

> Art. 406. O juiz, ao receber a denúncia ou a queixa, ordenará a citação do acusado para responder à acusação, por escrito, no prazo de 10 (dez) dias.
>
> § 1º O prazo previsto no caput deste artigo será contado a partir do efetivo cumprimento do mandado ou do comparecimento, em juízo, do acusado ou de defensor constituído, no caso de citação inválida ou por edital.
>
> § 2º A acusação deverá arrolar testemunhas, até o máximo de 8 (oito), na denúncia ou na queixa.
>
> § 3º Na resposta, o acusado poderá arguir preliminares e alegar tudo que interesse a sua defesa, oferecer documentos e justificações, especificar as provas pretendidas e arrolar testemunhas, até o máximo de 8 (oito), qualificando-as e requerendo sua intimação, quando necessário.

O *caput* do art. 406 do Código de Processo Penal (CPP) se assemelha ao do art. 396 e prevê prazo de resposta à acusação: 10 dias, a partir da citação. O parágrafo 1º trata da contagem do prazo: a partir do cumprimento efetivo do mandado de citação, ou seja, da data em que o mandado é entregue ao acusado, excluindo-se esse primeiro dia, por 10 dias sucessivos a partir do primeiro útil subsequente. Como no processo civil, ao recair o décimo dia em feriado ou fim de semana, prorroga-se para o primeiro dia útil subsequente. Também se vislumbra a contagem do prazo supra a partir do comparecimento do acusado (ou de seu defensor) em juízo, quando a citação é inválida ou feita por edital.

O parágrafo 2º elucida que a acusação deve arrolar testemunhas já na própria peça de denúncia (ou queixa), em número de, no máximo, oito.

E, na peça defensiva, aquela protocolizada no prazo de 10 dias, conforme já citado, o acusado pode, segundo o parágrafo 3º, arguir preliminares, alegar toda a sua perspectiva de defesa, juntar documentos, especificar e requerer provas e, também, arrolar até oito testemunhas. Essa é, normalmente, uma peça estratégica, e as minúcias do caso encaminham seu alcance e teor: uma tese completa pode vir à tona, requerendo absolvição sumária; ou apenas sobrevém a peça enxuta, com requerimentos diversos e rol de testemunhas.

Art. 407. As exceções serão processadas em apartado, nos termos dos arts. 95 a 112 deste Código.

Essas exceções a que se refere o art. 407 são aquelas elencadas no art. 95: suspeição, incompetência de juízo, litispendência, ilegitimidade de parte e coisa julgada. No rito dos arts. 96 a 112, esses expedientes tramitam em autos apartados à ação penal, recebendo até outra numeração para fins de controle e cadastro.

> Art. 408. Não apresentada a resposta no prazo legal, o juiz nomeará defensor para oferecê-la em até 10 (dez) dias, concedendo-lhe vista dos autos.

Os 10 dias não são absolutos, peremptórios. Se ocorrer de o acusado, ou mesmo de seu defensor constituído, não apresentar defesa, o juiz nomeia defensor – dativo ou da Defensoria Pública – para atuar no feito, devolvendo-lhe o prazo de 10 dias mediante habilitação e vista dos autos. Isso sempre em nome da principiologia constitucional do devido processo legal, da ampla defesa e do contraditório. Nesse sentido, o exercício do direito de defesa sempre se sobrepõe à forma (prazo).

> Art. 409. Apresentada a defesa, o juiz ouvirá o Ministério Público ou o querelante sobre preliminares e documentos, em 5 (cinco) dias.

O art. 409 é autoexplicativo. Oportuniza-se à acusação, no prazo de 5 dias, manifestar-se sobre os documentos e as preliminares suscitadas pela defesa em sua resposta. Essa faculdade também corresponde ao princípio do contraditório.

> Art. 410. O juiz determinará a inquirição das testemunhas e a realização das diligências requeridas pelas partes, no prazo máximo de 10 (dez) dias.

No art. 410, há uma ambiguidade. O juiz despacha em, no máximo, 10 dias ou determina que o ato ocorra em, no máximo, 10 dias? A intenção do legislador foi no segundo sentido, todavia, a prática forense já demonstrou ser absolutamente impossível realizar atos instrutórios em "no máximo" 10 dias contados da impugnação acusatória (cf. art. 409). As pautas das varas criminais ou varas especializadas (Júri) estão abarrotadas. Não há tempo nem estrutura para os procedimentos de intimação de testemunhas e partes. Os institutos de criminalística Brasil afora encontram filas de milhares de perícias para serem feitas. Esses 10 dias são inexequíveis e, atualmente, já estão fora de qualquer razoabilidade no que concerne ao "tempo do processo".

Seja como for, não exatamente em 10 dias, o próximo passo da ação penal é a designação instrutória: inquirição de testemunhas em audiência e diligências probatórias diversas.

Art. 411. Na audiência de instrução, proceder-se-á à tomada de declarações do ofendido, se possível, à inquirição das testemunhas arroladas pela acusação e pela defesa, nesta ordem, bem como aos esclarecimentos dos peritos, às acareações e ao reconhecimento de pessoas e coisas, interrogando-se, em seguida, o acusado e procedendo-se o debate.

§ 1º Os esclarecimentos dos peritos dependerão de prévio requerimento e de deferimento pelo juiz.

§ 2º As provas serão produzidas em uma só audiência, podendo o juiz indeferir as consideradas irrelevantes, impertinentes ou protelatórias.

§ 3º Encerrada a instrução probatória, observar-se-á, se for o caso, o disposto no art. 384 deste Código.

§ 4º As alegações serão orais, concedendo-se a palavra, respectivamente, à acusação e à defesa, pelo prazo de 20 (vinte) minutos, prorrogáveis por mais 10 (dez).

§ 5º Havendo mais de 1 (um) acusado, o tempo previsto para a acusação e a defesa de cada um deles será individual.

§ 6º Ao assistente do Ministério Público, após a manifestação deste, serão concedidos 10 (dez) minutos, prorrogando-se por igual período o tempo de manifestação da defesa.

§ 7º Nenhum ato será adiado, salvo quando imprescindível à prova faltante, determinando o juiz a condução coercitiva de quem deva comparecer.

> § 8º A testemunha que comparecer será inquirida, independentemente da suspensão da audiência, observada em qualquer caso a ordem estabelecida no caput deste artigo.
>
> § 9º Encerrados os debates, o juiz proferirá a sua decisão, ou o fará em 10 (dez) dias, ordenando que os autos para isso lhe sejam conclusos.

Ordem da instrução

O *caput* do art. 411 é claro: há uma *ordem* nas oitivas. Da vítima, se e quando é o caso, até o acusado, por último, passando por testemunhas de acusação, de defesa, peritos, acareações e reconhecimentos de coisas e pessoas. Após, os debates (que são as alegações finais, possivelmente orais, também possivelmente escritas diante da complexidade da causa).

Peritos serão ouvidos desde que tenha sido previamente requerido e expressamente autorizado pelo juiz da causa.

Em geral, todo esse conjunto probatório deve ser produzido em um único evento. Essa era a previsão inserida pela Lei n. 11.689, de 9 de junho de 2008, que, na prática, já se mostrou igualmente inexequível (Brasil, 2008a). Em casos de múltiplos corréus e, ainda, de múltiplos fatos, o número de testemunhas pode ser elevado, o que inviabiliza o ato em um só momento.

Mas, a rigor, o que se vislumbra é que as provas sejam produzidas em um único evento. Para isso, é facultado ao juiz indeferir alguma prova que seja irrelevante, repetitiva, protelatória ou mesmo impertinente.

Se, no decorrer da instrução, for observado fato novo, novos elementos de crime, o Ministério Público pode aditar a denúncia no prazo de 5 dias.

Em princípio, nenhum ato será adiado, a não ser que se comprove a imprescindibilidade do ato faltante à audiência (por exemplo, uma testemunha intimada que não tenha comparecido, o que pode ensejar sua condução coercitiva).

Pelo texto legal, as alegações finais são orais, realizadas logo após o interrogatório do acusado, último ato instrutório. Acusação e defesa têm 20 minutos de fala, prorrogáveis por mais 10 minutos, e a assistência de acusação tem 10 minutos, logo após a fala do Ministério Público. No caso de fala pela assistência, a defesa terá seu prazo de fala prorrogado por igual período. Quando for o caso de haver mais de um acusado, os tempos de falas são individualizados.

De qualquer modo, vale registrar que, na prática, é bastante comum a concessão de prazo às partes para que ofereçam suas alegações finais por meio de arrazoado escrito.

A *decisão* a que se refere o parágrafo 9º pode ser decisão de pronúncia, de impronúncia, de absolvição sumária ou de desclassificação. A rigor, pode sobrevir na própria audiência de instrução, após debates orais, ou então por escrito, após a apresentação das alegações finais. Se estas forem apresentadas oralmente, em instrução, o parágrafo crava o prazo (impróprio) de 10 dias para que sobrevenha a decisão. Se escritas, esse prazo conta da juntada das alegações defensivas.

Ressaltamos que também não é um prazo fatal. A depender da complexidade e do volume dos autos, a pronúncia ou outra decisão pode demorar mais que 10 dias, sem maiores consequências – a não ser para réu preso, que pode intentar algum pedido de liberdade baseado no "excesso de prazo".

> Art. 412. O procedimento será concluído no prazo máximo de 90 (noventa) dias.

Dado o extensíssimo volume processual que temos hoje no Brasil, esse é outro prazo inexequível, assim como o do art. 410. É usual que a primeira fase do rito de júri ultrapasse seis meses de trâmite, pois há de se considerar os agendamentos, eventuais adiamentos, todas as oitivas, realização e exame de perícias, diligências diversas.

É curioso notar que esse artigo foi revisado pela Lei n. 11.689/2008, ou seja, em um tempo em que já era notório que esses 90 dias seriam insuficientes para dar conta de uma primeira fase completa no rito de júri.

Capítulo 2

Da pronúncia, da impronúncia e da absolvição sumária

Neste capítulo, analisaremos, detalhadamente, as decisões de pronúncia, impronúncia, absolvição sumária e desclassificação, tratando, entre outros vários aspectos, da natureza jurídica e das consequências de cada uma delas.

Art. 413. O juiz, fundamentadamente, pronunciará o acusado, se convencido da materialidade do fato e da existência de indícios suficientes de autoria ou de participação.

§ 1º A fundamentação da pronúncia limitar-se-á à indicação da materialidade do fato e da existência de indícios suficientes de autoria ou de participação, devendo o juiz declarar o dispositivo legal em que julgar incurso o acusado e especificar as circunstâncias qualificadoras e as causas de aumento de pena.

§ 2º Se o crime for afiançável, o juiz arbitrará o valor da fiança para a concessão ou manutenção da liberdade provisória.

§ 3º O juiz decidirá, motivadamente, no caso de manutenção, revogação ou substituição da prisão ou medida restritiva de liberdade anteriormente decretada e, tratando-se de acusado solto, sobre a necessidade da decretação da prisão ou imposição de quaisquer das medidas previstas no Título IX do Livro I deste Código.

Decisão de pronúncia: natureza jurídica e requisitos

No procedimento do júri, como visto, a instrução criminal segue o rito elencado nos arts. 406 a 412 do Código de Processo Penal (CPP), até atingir a particular fase estabelecida nos arts. 413 e seguintes, a qual o torna, de fato, um procedimento especial.

Inaugurando a Seção II do Capítulo II do CPP, o art. 413 dispõe sobre a pronúncia, decisão que assume destacada importância no rito escalonado dos crimes dolosos contra a vida. Com efeito, é por meio da preclusão da pronúncia que se encerra a fase de formação da culpa, isto é, do *judicium accusationis*. Procede-se a um juízo de admissibilidade da acusação, com o consequente encaminhamento do julgamento do caso ao Tribunal Popular, ou seja, aos jurados, juízes naturais, constitucionalmente estabelecidos (art. 5º, inciso XXXVIII, da Constituição Federal), a quem caberá a análise meritória.

A pronúncia tem natureza jurídica de decisão interlocutória mista não terminativa, uma vez que não julga o mérito (não condena ou absolve), põe fim a uma fase do procedimento, inaugurando outra (a fase de preparação do plenário), e não encerra o processo.

De acordo com Marques (1997, p. 348-349), essa decisão tem vez "desde que o crime fique provado, e que se conheça o provável autor da infração penal, prosseguindo a relação processual para que se instaure a fase procedimental em que vai realizar-se o *judicium causae* [...] quando, então, se decidirá sobre o conteúdo da acusação [...]". Dessa forma, podemos afirmar que, nos termos do art. 413 do CPP, a prova da materialidade e os indícios suficientes de autoria no caso penal são os requisitos da pronúncia.

A prova da materialidade, ou seja, da existência do crime, será feita conforme dispõe o art. 158 do CPP. Assim, em regra, há o exame do corpo de delito direto, com a presença do chamado *laudo de necropsia* (nos casos consumados) ou do *laudo de lesões corporais* (nos casos tentados), mas é possível encontrar a materialidade por meio de outras provas, inclusive a testemunhal, formando-se o corpo de delito indireto.

Registramos que, diferentemente da autoria, a materialidade deve ser incontroversa. Em outras palavras, não se admite a pronúncia do réu no caso de existir dúvida a respeito da existência material do crime. A prova, aqui, deve ser plena.

Já os indícios de autoria – os quais são averiguados por todo o conjunto probatório produzido nos autos – constituem prova semiplena, não se exigindo um juízo de certeza, por parte do julgador sumariante, acerca da autoria ou da participação do acusado.

Basta, portanto, a indicação concreta, com base nas provas angariadas, de elementos mínimos que demonstrem que a autoria delitiva está provavelmente associada ao acusado, ou seja, que existe uma suspeita fundada contra ele, justificando-se, assim, que seja colocado perante o tribunal de julgamento.

Fundamentação e o princípio do *in dubio pro societate*

Realizando uma leitura extensiva dos requisitos da decisão de pronúncia, é comum encontrar o entendimento doutrinário no sentido de que vige, nessa fase, insculpido no art. 413, o princípio do *in dubio pro societate*. Segundo esse princípio, em contraposição ao princípio do *in dubio pro reo*, havendo dúvida sobre a autoria, deve o juiz decidir a favor da sociedade, pronunciando o acusado e remetendo-lhe ao julgamento pelo Tribunal do Júri.

Ao nosso juízo, conforme bem ressalta Aury Lopes Jr. (2013, p. 1.011), tal brocardo não tem amparo constitucional. Nossa Carta Magna, em momento algum, estabelece que eventuais dúvidas que pairem na fase da instrução preliminar devam ser resolvidas em prol da tese acusatória. Nem mesmo no âmbito do CPP, no art. 413, constata-se que o juiz deve, ao decidir, levar em conta o famigerado princípio. Em verdade, ao consagrar os "indícios suficientes", o dispositivo legal exige do magistrado um juízo de probabilidade sobre a autoria ou participação do acusado[1].

Nas acertadas palavras de Paulo Rangel (2019, p. 79), "o princípio do *in dubio pro societate* não é compatível com o Estado Democrático de Direito, onde a dúvida não pode autorizar uma acusação". Dessa maneira, a melhor interpretação do dispositivo é no sentido de que, se houver provas contrapostas que possam

---

1 Nesse mesmo sentido, ensinam Rogério Sanches Cunha e Ronaldo Batista Pinto (2020, p. 1.273): "ao se satisfazer, de outro lado, com menos indícios de autoria, quis o legislador deixar claro que a pronúncia encerra um simples juízo de probabilidade, na qual o juiz julga admissível a acusação, apta, portanto, a ser conhecida pelo Júri".

conduzir à condenação ou à absolvição, o caso deve ser levado à apreciação do juiz natural, isto é, dos jurados, reunidos em sessão plenária. Por outro lado, se o que houver for dúvida manifesta e insuperável, o caso é de impronúncia.

O mesmo entendimento vem sendo reverberado pela jurisprudência. Em março de 2019, ao participar do julgamento de um Recurso Extraordinário com Agravo (ARE), o Ministro Gilmar Mendes afirmou que "o suposto princípio in dubio pro societate, que, além de não encontrar qualquer amparo constitucional ou legal, desvirtua as premissas racionais de valoração da prova".[12]

Registramos que, de fato, a sociedade é beneficiada com a correta aplicação dos ditames legais, e não pela mera subsunção de acusações infundadas ao Tribunal Popular, situação que configura perigosa injustiça[13] e, também, má utilização de recursos públicos.

Fundamentação e excesso de linguagem

Em obediência ao art. 93, inciso IX, da Constituição Federal e sob pena de nulidade absoluta, é imperioso que o juízo de prelibação,

---

2 No ARE n. 1.067.392/CE (Brasil, 2020p). No mesmo sentido, pronunciou-se o Ministro Celso de Mello, quando do julgamento do Habeas Corpus n. 180.144/GO, em outubro de 2020: "A regra 'in dubio pro societate' – repelida pelo modelo constitucional que consagra o processo penal de perfil democrático – revela-se incompatível com a presunção de inocência, que, ao longo de seu virtuoso itinerário histórico, tem prevalecido no contexto das sociedades civilizadas como valor fundamental e exigência básica de respeito à dignidade da pessoa humana" (Brasil, 2020n).

3 Nesse sentido, "a finalidade da existência de uma fase preparatória de formação da culpa, antes que se remeta o caso à apreciação dos jurados, pessoas leigas, recrutadas nos variados segmentos sociais, é evitar o erro judiciário, seja para absolver, seja para condenar" (Nucci, 2018, p. 64).

de submissão do acusado ao julgamento pelo Tribunal do Júri, levado a cabo pela decisão de pronúncia, seja devidamente fundamentado pela autoridade judicial, que deve demonstrar a viabilidade mínima da tese acusatória[14].

Com efeito, esse dever de motivação da decisão de pronúncia consiste tanto em uma garantia do réu – uma vez que lhe permite o conhecimento dos motivos que levaram o juiz a decidir daquela maneira, possibilitando-lhe a impugnação da decisão pela via recursal –, quanto da sociedade – tendo em vista que viabiliza o controle social sobre a atividade jurisdicional, conferindo-se transparência à decisão judicial.

Não obstante, nesse ponto, é preciso muito cuidado por parte do magistrado (e dos desembargadores, quando da análise de eventual recurso): é defeso ao julgador sumariante adentrar de forma aprofundada na prova dos autos, ou seja, examiná-la de modo analítico como se fosse um juízo de condenação, sob pena de gerar indevida influência no ânimo cognitivo dos jurados quando do julgamento[15].

Não deve, portanto, utilizar termos peremptórios e conclusivos, como se faz em sentença condenatória. Assim, por exemplo, não cabe ao juiz dizer que "é notório que o acusado mentiu

---

4   Como registra Nucci (2018, p. 965), "a cautela é salutar, uma vez que o povo, quando chamado a julgar, não dará voto fundamentado, decidindo em sigilo o destino do réu [...]. Por isso, antes que um processo seja oferecido à avaliação dos juízes leigos, há o crivo do magistrado togado".

5   Devemos lembrar que, apesar da vedação do art. 478 do CPP, a decisão de pronúncia é integralmente disponibilizada aos jurados quando do julgamento em plenário (art. 472, parágrafo único, do CPP).

em seu interrogatório", ou que "está totalmente convencido da autoria delitiva". Por mais arrebatadoras que sejam as provas dos autos, é preciso que esse autopoliciamento seja uma constante da atividade judicante nessa fase do procedimento do júri. Recomenda-se, então, a utilização de expressões comedidas, sóbrias e não certeiras, como, por exemplo, "supostamente o réu teria se dirigido até a casa da vítima", "em tese, o acusado teria se evadido com a arma do crime", "o depoimento da testemunha está a indicar que" etc.

Isso porque o conhecimento aprofundado do mérito será realizado apenas quando do julgamento em plenário, e quando o juiz adentra indevidamente na matéria de competência constitucional do Tribunal Popular, embaraça a independência do exercício desse múnus dos jurados, ferindo, consequentemente, a soberania dos vereditos.

Não é outro o teor da edição n. 75 da *Jurisprudência em teses*, do Superior Tribunal de Justiça (STJ), que estabeleceu que "a sentença de pronúncia deve limitar-se à indicação da materialidade do delito e aos indícios de autoria para evitar nulidade por excesso de linguagem e para não influenciar o ânimo do Conselho de Sentença" (Brasil, 2017d, p. 3-4).

Ocorrendo esse avanço indevido, há o que se conhece por *excesso de linguagem*, do qual decorrem a declaração de nulidade e o consequente desentranhamento da pronúncia dos autos, com a necessidade da prolação de uma segunda decisão que a substitua[16].

Não obstante, é necessário registrar que o excesso de linguagem da pronúncia é nulidade relativa, que demanda a demonstração de prejuízo, devendo ser alegada no momento oportuno, ou seja, logo após prolatada, pela via recursal ao Tribunal de Justiça, sob pena de preclusão[17]. Assim, não havendo a impugnação, é incabível a insurgência na segunda fase do procedimento[18].

Utilização de elementos informativos do inquérito policial

O art. 155 do CPP estabelece que

> o juiz formará sua convicção pela livre apreciação da prova produzida em contraditório judicial, não podendo fundamentar sua decisão exclusivamente nos elementos informativos colhidos na investigação, ressalvadas as provas cautelares, não repetíveis e antecipadas. (Brasil, 1941a)

---

6   Não basta a anulação da decisão de pronúncia. Ela deve ser retirada dos autos, para que os jurados a ela não tenham acesso durante o julgamento.

7   Nesse sentido, ver: Bonfim, 2018, p. 181.

8   Vide AgRg no AREsp n. 1.664.028/PR: "A jurisprudência desta Corte Superior de Justiça é no sentido de que a alegação de nulidade por excesso de linguagem da decisão de pronúncia, quando já prolatada sentença condenatória pelo Tribunal do Júri, encontra-se preclusa. Assim, a superveniência de sentença condenatória esvazia a alegação da defesa acerca da nulidade da pronúncia, por excesso de linguagem" (Brasil, 2020b).

É certo que o dispositivo se aplica às sentenças condenatórias, julgadoras do mérito da causa, em que o juiz deve levar em conta as provas produzidas em contraditório, durante a instrução judicial, sendo-lhe apenas possibilitada a utilização dos elementos informativos como complemento. Com relação à decisão de pronúncia, a questão gera controvérsia.

Com efeito, por não encerrar decisão que decide a respeito da condenação do acusado, consistindo em mero juízo de admissibilidade da acusação, são inúmeras as decisões no sentido de ser possível promover o encaminhamento do caso ao Tribunal do Júri, fundamentando a decisão apenas com base em elementos informativos produzidos durante a investigação policial.

Não obstante, a jurisprudência do STJ[19] parece caminhar para a inaptidão da prova exclusivamente inquisitorial para fins de pronúncia. E, de fato, talvez seja mesmo a melhor solução para um Estado democrático de direito, no qual a prova deva ser produzida à luz do devido processo legal, em obediência ao princípio do contraditório. Ademais, como sabemos, os jurados julgam pela íntima convicção, sem nenhuma motivação de seu voto, o que, nessa situação, ao menos em tese, viabilizaria uma condenação apenas com elementos de cognição do inquérito.

---

9   Nos termos descritos, vide: REsp 1.740.921/GO: "AGRAVO REGIMENTAL NO RECURSO ESPECIAL. DIREITO PROCESSUAL PENAL. ART. 155 DO CPP. PRONÚNCIA FUNDADA EM ELEMENTOS EXCLUSIVAMENTE EXTRAJUDICIAIS. IMPOSSIBILIDADE. PRECEDENTES. AGRAVO IMPROVIDO. 1. Força argumentativa das convicções dos magistrados. Provas submetidas ao contraditório e à ampla defesa. No Estado democrático de direito, o mínimo flerte com decisões despóticas não é tolerado e a liberdade do cidadão só pode ser restringida após a superação do princípio da presunção de inocência, medida que se dá por meio de procedimento realizado sob o crivo do devido processo legal. 2. Art. 155 do CPP. Prova produzida extrajudicialmente. Elemento cognitivo destituído do devido processo legal, princípio garantidor das liberdades públicas e limitador do arbítrio estatal. 3. Art. 483, III, do CPP. Sistema da íntima convicção dos jurados. Sob o pálio de se dar máxima efetividade ao referido princípio, não se pode desprezar a prova judicial colhida na fase processual do sumário do Tribunal do Júri. 3.1. O juízo discricionário do Conselho de Sentença, uma das últimas etapas do referido procedimento, não apequena ou desmerece os elementos probatórios produzidos em âmbito processual, muito menos os equipara a prova inquisitorial. 3.2. Assentir com entendimento contrário implica considerar suficiente a existência de prova inquisitorial para submeter o réu ao Tribunal do Júri sem que se precisasse, em última análise, de nenhum elemento de prova a ser produzido judicialmente. Ou seja, significa inverter a ordem de relevância das fases da persecução penal, conferindo maior juridicidade a um procedimento administrativo realizado sem as garantias do devido processo legal em detrimento do processo penal, o qual é regido por princípios democráticos e por garantias fundamentais. 3.3. Opção legislativa. Procedimento escalonado. Diante da possibilidade da perda de um dos bens mais caros ao cidadão–a liberdade –, o Código de Processo Penal submeteu o início dos trabalhos do Tribunal do Júri a uma cognição judicial antecedente. Perfunctória, é verdade, mas munida de estrutura mínima a proteger o cidadão do arbítrio e do uso do aparelho repressor do Estado para satisfação da sanha popular por vingança cega, desproporcional e injusta. 4. Impossibilidade de se admitir pronúncia de acusado com base em indícios derivados do inquérito policial. Precedentes. 5. Agravo regimental improvido" (Brasil, 2018f).

De qualquer modo, em se tratando de crimes dolosos contra a vida, é preciso um cuidado adicional do julgador sumariante. Não são raras as vezes em que os elementos formados na investigação policial não se confirmam em juízo por pura coação empreendida pelo réu em face das testemunhas. Imagine-se uma situação em que há apenas uma testemunha, cuja declaração detalhada no caderno investigatório foi no sentido de que havia de fato presenciado a ação homicida do acusado, mas que acabou por relatar, durante a instrução judicial, que não foi nada disso o que aconteceu. Nesse caso, é possível ao juiz, percebendo que a testemunha foi ameaçada, valorar essa prova (judicial) e, pela sua livre convicção, pronunciar o acusado. Caso assim não fosse, seria premiado o coator em detrimento da sociedade e da justiça, o que é inadmissível[10].

Conteúdo da pronúncia

Além da materialidade do fato e dos indícios de autoria, a pronúncia deve, conforme estabelece o art. 413, parágrafo 1º, do CPP, declarar expressamente o dispositivo de lei em que o juiz entender incurso o réu, indicando as qualificadoras e as causas de aumento de pena.

Essas qualificadoras e causas de aumento, em homenagem ao princípio da correlação, devem ter sido descritas na exordial

---

10 Outra possibilidade é a convocação, como testemunhas do juízo, dos agentes policiais que tiveram contato com a testemunha durante a investigação ou durante o depoimento. Assim, essas pessoas podem ser indagadas sobre os fatos noticiados pela testemunha, inclusive noticiando como se deu sua oitiva, se estava com receio de depor etc.

acusatória, mesmo que não conste da capitulação jurídica apresentada pelo Ministério Público. Isso ocorre porque o acusado se defende dos fatos narrados, e não da definição jurídica atribuída pelo Órgão Ministerial.

É de extrema importância atentar para o texto legal em exame. Apenas as qualificadoras, como, por exemplo, a motivação torpe (art. 121, § 2º, inciso I, do Código Penal), e as causas de aumento de pena, como o fato de a vítima ser menor de 14 anos (art. 121, § 4º, parte final, do Código Penal), devem ser explicitadas pelo juiz na decisão de pronúncia.

Está longe de ser incomum, na prática jurídica, deparar-se com alegações finais defensivas pleiteando a pronúncia do réu por homicídio privilegiado, o que, como visto, está equivocado por falta de amparo legal. O mesmo raciocínio se aplica às causas de diminuição de pena, as quais – com exceção das hipóteses de tipicidade por extensão (como a tentativa – art. 14, inciso II, do Código Penal) –, ficam reservadas ao conhecimento e à análise pelos jurados quando da quesitação.

Tal proibição é extraída, também, do art. 7º da Lei de Introdução ao Código de Processo Penal (Lei n. 3.931, de 11 de dezembro de 1941), o qual estabelece que "o juiz da pronúncia, ao classificar o crime, consumado ou tentado, não poderá reconhecer a existência de causa especial de diminuição de pena" (Brasil, 1941b).

Também não devem constar da pronúncia agravantes (art. 61 do Código Penal) ou atenuantes (arts. 65 e 66 do Código

Penal). Essas circunstâncias referem-se à dosimetria da pena, não havendo motivo para o juiz sumariante declará-las em sua decisão de admissibilidade da imputação acusatória. Pela mesma razão, isto é, por se relacionarem à fixação da pena, não é o momento próprio para o julgador indicar a modalidade de concurso de crimes que se aplica à espécie, se concurso material, formal ou continuidade delitiva (arts. 69, 70 e 71 do Código Penal, respectivamente).

Exclusão de qualificadoras pelo juiz – desqualificação

A não inclusão de qualificadora na decisão de pronúncia implica o julgamento do acusado pelo crime em sua figura simples, tendo em vista que os quesitos são confeccionados em sessão plenária do júri tendo por base as definições da pronúncia (art. 482, parágrafo único, do CPP).

Da mesma forma que procede quanto aos indícios de autoria, o juiz deve fundamentar a recepção das qualificadoras descritas na exordial acusatória, devendo afastar apenas aquelas que se mostrem nitidamente improcedentes, inconsistentes em relação à prova dos autos, em nítido excesso de acusação. Em outras palavras, o juiz deve analisar a presença de elementos mínimos acerca do fato que teria dado ensejo à qualificadora, procedendo à desqualificação, ou seja, ao decote apenas daquelas sem qualquer lastro nos autos.

No que toca à análise das circunstâncias qualificadoras do crime em sede de pronúncia, o STJ, em sua publicação periódica intitulada *Jurisprudência em teses*, edição n. 75, firmou o entendimento de que "a exclusão de qualificadora constante na pronúncia só pode ocorrer quando manifestamente improcedente e descabida, sob pena de usurpação da competência do Tribunal do Júri" (Brasil, 2017d, p. 3-4).

Ainda nessa toada, é importante registrar que, segundo o entendimento mais moderno da jurisprudência dos tribunais superiores, o juiz deve ater-se especialmente ao exame da presença ou não de indício concreto acerca da situação fática apresentada pelo órgão acusador, não lhe cabendo a análise aprofundada da subsunção jurídica daquele fato à figura qualificada. Desse modo, em um caso no qual, por exemplo, imputou-se a torpeza de motivo para a situação em que a vítima foi morta em virtude de vingança decorrente de dívida de jogo, o julgador sumariante deve verificar a existência nos autos de elementos mínimos que demonstram que a dívida de jogo foi a razão desencadeadora da ação criminosa, sem elucubrar se ela consiste ou não em motivo torpe. Tal avaliação deve ficar exclusivamente a cargo dos jurados, sob pena de usurpação de sua competência constitucional.

Efeitos da pronúncia

A pronúncia consolida inúmeros e importantes efeitos. Vejamos:

- O principal efeito da pronúncia é a submissão do acusado a julgamento pelo Tribunal do Júri. Preclusa a decisão, resta admitida a acusação, determinando-se o encaminhamento do feito à apreciação e ao julgamento por parte do Conselho de

Sentença, que decidirá o mérito da causa, isto é, se o acusado deve ser condenado ou absolvido.
- A pronúncia limita a acusação em plenário. Com o fim do libelo – que até a Lei n. 11.689/2008 tinha o objetivo de delimitar os contornos da acusação perante o Tribunal Popular –, cabe à pronúncia estabelecer o exato alcance da acusação, impedindo que haja surpresa para a defesa.[111] Dessa forma, podemos afirmar que existe uma correlação necessária entre o que foi definido na pronúncia e a quesitação a ser submetida à análise dos jurados quando do julgamento em sala secreta (art. 482, parágrafo único, parte final, do CPP). Exemplo: se o juiz pronuncia o acusado por homicídio simples, mesmo no caso de, durante a instrução em plenário, ficar clara a motivação torpe do delito, não há como o acusador sustentar essa qualificadora, uma vez que não poderá sequer ser levada ao exame do corpo de jurados.
- A pronúncia, nos termos do art. 117, inciso II, do Código Penal, interrompe, isto é, faz zerar, a prescrição (causa extintiva da punibilidade do agente). Importante destacar o teor da Súmula n. 191 do STJ, a qual enuncia que "A pronúncia é causa interruptiva da prescrição, ainda que o tribunal do júri venha a desclassificar o crime" (Brasil, 1997). A súmula

---

11 Há diversas críticas em torno do fim do libelo. A primeira e mais evidente toca à ofensa ao princípio acusatório, tendo em vista que o questionário de julgamento será atrelado a uma peça judicial – a pronúncia –, e não do órgão acusador, como ocorria com o libelo. Outro apontamento negativo refere-se à falta de especificação da acusação, que dificilmente é realizado na decisão de pronúncia, o que pode prejudicar o exercício da defesa.

assume grande relevância prática, pois diversos casos de desclassificação – especialmente de homicídio tentado para lesão corporal leve – fatalmente seriam fulminados pela prescrição da pretensão punitiva do Estado, caso não fosse esse o entendimento. De outro lado, diferente situação se verifica quando a decisão de pronúncia é anulada. Nas palavras de Nucci (2020, p. 573), "o que é considerado nulo pelo Judiciário não pode produzir nenhum efeito, não se prestando a interromper a prescrição". Assim, caso a decisão de pronúncia seja anulada, não produzirá efeito interruptivo.

- Nos termos do art. 593, inciso III, alínea "a", do CPP, todas as nulidades relativas (em que se deve ser demonstrado o prejuízo da parte) serão convalidadas com a prolação da pronúncia. Em outras palavras, as nulidades devem, sob pena de serem tomadas como sanadas, ser arguidas até a decisão de pronúncia.

Pronúncia e crimes conexos

Os crimes conexos ao crime doloso contra a vida, por força da regra do art. 78, inciso I, do CPP, também são julgados pelo Tribunal do Júri. A questão que fica é se o juiz sumariante, quando da decisão de pronúncia, deve também proceder à avaliação da materialidade e dos indícios de autoria em relação a esses crimes. Para a doutrina moderna e para os tribunais superiores, a resposta é negativa, devendo o magistrado se abster de qualquer análise nesse sentido.

Nesse caso, se entender que estão presentes os requisitos para a pronúncia em relação ao crime doloso contra a vida, o magistrado deve, obrigatoriamente, pronunciar o acusado também quanto ao crime conexo, remetendo-o automaticamente ao julgamento pelos jurados. Exemplificando, não lhe é conferida a possibilidade de pronunciar o réu por homicídio doloso e absolvê-lo ou impronunciá-lo pelo crime de tráfico de drogas, praticado no mesmo contexto fático, sob pena de usurpar a competência do Tribunal Popular.

Em outras palavras, não tem razão ou sentido o magistrado pronunciar pelo crime de sua competência e não pronunciar pelo delito conexo, cujo exame não lhe cabe. Ao Conselho de Sentença cabe, então, o exame integral da acusação, haja ou não provas suficientes de autoria.

Recurso cabível

Finalmente, importa anotar que, conforme consta do art. 581, inciso IV, do CPP, o recurso cabível contra decisão de pronúncia é o *recurso em sentido estrito*. Por ele, o acusado pode pleitear ao tribunal sua impronúncia ou sua absolvição sumária, ou, ainda, impugnar parte da decisão de pronúncia, como alguma qualificadora.

Ainda, considerando que nossa Constituição Federal atribui ao Ministério Público também a função de *custus legis*, é possível admitir que o Órgão Ministerial interponha recurso em sentido estrito em favor do réu diante de ilegalidade na pronúncia ou na inclusão de qualificadoras. O Ministério Público, também, pode interpor recurso em sentido estrito em face de decisão de pronúncia que tenha decotado alguma qualificadora constante na denúncia, a fim de restabelecer a qualificação.

Decretação da prisão preventiva

Quando da edição do Código de Processo Penal, em 1941, salvo se afiançável o crime, era efeito, tanto da sentença condenatória recorrível quanto da pronúncia, o réu ser preso ou nessa condição mantido. Tratava-se, assim, hipóteses de encarceramento automático, distintas da prisão preventiva, as quais não demandavam nenhum requisito cautelar para sua concretização.

Com a reforma processual de 2008, seguindo entendimento jurisprudencial da época[12], extirparam-se do ordenamento a prisão decorrente de pronúncia (Lei n. 11.689/2008) e a prisão decorrente de sentença condenatória recorrível (Lei n. 11.719, de 20 de junho de 2008). Em outras palavras, deixaram de existir essas modalidades de prisão, e, caso decretada nesses momentos processuais, a custódia passa a ter caráter de prisão preventiva, nos moldes dos arts. 413, parágrafo 3º, e 387, parágrafo único, ambos do CPP.

Com efeito, especificamente no que toca ao júri, no parágrafo 3º do art. 413 do CPP, consta o mandamento de que o juiz decida, motivadamente, sobre a manutenção, a revogação ou a substituição da prisão preventiva ou de cautelar diversa, o que

---

12 Nesse sentido, aponta-se para o Habeas Corpus n. 80.133, julgado pelo Supremo Tribunal Federal (STF) em 13 de junho de 2000: "Indeferimento. Pedido de liberdade provisória. Existência de maus antecedentes. Confirmação da prisão preventiva. Consequência natural da sentença de pronúncia" (Brasil, 2001).

será feito em observância aos fundamentos e pressupostos trazidos pelos arts. 312 e 313 do CPP.

Assim, em regra, quando o acusado permaneceu a primeira fase do rito do júri solto, deve assim ser mantido, salvo na hipótese do surgimento de algum fato novo que dê razão à custódia cautelar. Já quando o agente esteve preso durante o processo, entendendo o juiz que havia motivos que autorizavam sua prisão preventiva, com maior razão deve permanecer custodiado com sua pronúncia, não fazendo sentido sua soltura. Aliás, é preciso lembrar que as testemunhas podem ainda ser ouvidas em plenário, justificando a referida medida extrema fulcrada na conveniência da instrução penal mesmo quando finda a primeira fase do procedimento[13].

Por fim, o Código prevê a possibilidade de que o juiz arbitre fiança para conceder a liberdade provisória, ou a mantenha, caso já decidida. No entanto, devemos atentar para os arts. 323 e 324, também do CPP, os quais, em obediência a mandamento constitucional, enunciam que os crimes hediondos não admitem concessão de fiança, o que impede a aplicação dessa normativa aos homicídios qualificados, por exemplo (Brasil, 1941a).

---

13 Aqui, indicamos o Habeas Corpus n. 94.318, do STF: "A previsão de atos instrutórios também na fase de julgamento no plenário do Júri (arts. 473 a 475 do Código de Processo Penal) autoriza a manutenção de eventual custódia preventiva, decretada sob o fundamento da conveniência da instrução criminal" (Brasil, 2009).

> Art. 414. Não se convencendo da materialidade do fato ou da existência de indícios suficientes de autoria ou de participação, o juiz, fundamentadamente, impronunciará o acusado.
>
> Parágrafo único. Enquanto não ocorrer a extinção da punibilidade, poderá ser formulada nova denúncia ou queixa se houver prova nova.

Na sequência, passa o Código de Processo Penal a tratar da impronúncia, cuja natureza é de decisão interlocutória mista terminativa (ou seja, impede que a instância prossiga no julgamento do *meritum causae*), com cabimento nas hipóteses em que o magistrado não se convence da materialidade do fato ou da existência de indícios mínimos de autoria, de maneira que resta impossibilitado o encaminhamento do julgamento a plenário (Nucci, 2018). Nas lúcidas palavras de Heráclito Mossin (1999, p. 318), "a impronúncia é a antítese da pronúncia, uma vez que tem fundamento na negatividade do *corpus delicti* ou da prova indiciária quanto à autoria, circunstâncias objetiva e subjetiva não autorizantes da admissibilidade da acusação frente ao tribunal do júri".

Assim, importa sempre em declaração de insuficiência de prova, fazendo retirar de sobre o acusado as suspeitas de criminalidade que contra ele existiam, sendo imprescindível, como consta do *caput* do dispositivo, que o juiz explicite as razões dessa decisão.

Válido anotar que, a despeito da não previsão no texto legal, é possível que se encontre, no lugar da impronúncia, a expressão *despronúncia*. Esta ocorre quando o juízo *ad quem*, após a interposição do recurso em sentido estrito (art. 581, inciso IV, do CPP), dá a este provimento e despronuncia o réu, isto é, transforma a decisão de pronúncia em impronúncia. Também ocorre na hipótese em que o próprio juiz pronunciante, em juízo de retratação do recurso (art. 589 do CPP), volta atrás em sua decisão, despronunciando o acusado. Destarte, a despronúncia nada mais que é que a impronúncia obtida em sede recursal.

Com relação aos crimes conexos, a impronúncia do crime doloso contra a vida afasta a competência do Tribunal do Júri, devendo o juiz sumariante se abster de fazer qualquer exame no tocante a essas infrações, cabendo-lhe apenas proceder à remessa dos autos ao juízo singular competente.

É importante ressaltar que a decisão de impronúncia não tem o condão de condenar nem de absolver o réu, sendo vocacionada, como dito, apenas a atestar que a acusação não reúne minimamente os elementos necessários ao julgamento em plenário. Trata-se, portanto, de hipótese de extinção do processo sem resolução do mérito.

Por essa razão, a impronúncia não faz coisa julgada material, apenas formal, de modo que, se não estiver prescrita a acusação e surgirem provas novas, é possível que seja oferecida nova denúncia em razão dos mesmos fatos, conforme denota o parágrafo único do art. 414 do CPP (Brasil, 1941a).

São consideradas provas novas todas aquelas que não eram conhecidas anteriormente, sejam inexistentes, sejam ocultas. Destarte, é possível a instauração de novo processo na hipótese de, por exemplo, o agente ser preso em evento posterior (como um assalto à mão armada), com a arma utilizada no homicídio (o que pode ser facilmente demonstrado por um exame de confronto balístico entre a arma apreendida no roubo e os projéteis retirados da vítima de homicídio). Igualmente, é possível novo processo no caso do surgimento de uma até então desconhecida testemunha ocular dos fatos ou do aparecimento de uma gravação de imagens do momento da infração penal.

Registramos que essa possibilidade de que o réu volte a ser processado pelos mesmos fatos não significa a retomada do curso processual dos autos que resultaram na impronúncia. É imprescindível uma nova denúncia, com nova instrução probatória e nova decisão, em observância aos princípios do contraditório e da ampla defesa. Não há, contudo, óbice à juntada dos autos anteriores na qualidade de peça de informação.

Ainda, caso nova acusação venha a ser oferecida, o juiz que inicialmente recebeu a primeira denúncia é considerado prevento, de modo que a nova ação será oferecida perante o mesmo magistrado.

Críticas à impronúncia

Considerando essa característica de mostrar-se possível novo processamento do increpado, pelos mesmos fatos, surgem severas críticas por parte da doutrina em razão de possível afronta ao princípio do *ne bis in idem*.

Nessa linha, Paulo Rangel (2012, p. 162) afirma que a impronúncia "não é nada, pois o indivíduo não está nem absolvido e nem condenado", concluindo ser a decisão inconstitucional pela insegurança jurídica que traz ao acusado – de modo que a providência adequada seria uma absolvição propriamente dita, uma vez que o princípio da presunção de inocência também seria informador da fase de instrução, mesmo em se tratando de crimes de competência do tribunal do júri.

No mesmo sentido é a posição de Guilherme de Souza Nucci (2018, p. 117), para quem "parece estranho que apenas no contexto dos crimes dolosos contra a vida atinja-se tal solução, quando o correto, em qualquer outro processo, seria a absolvição, ainda que por insuficiência de provas (art. 386, inciso VII, do Código de Processo Penal)". Ainda, é o que entende Aury Lopes Jr. (2013, p. 1.008), para quem "a impronúncia gera um estado de pendência, de incerteza e insegurança processual".

Até pela envergadura de seus defensores, trata-se de entendimento a ser respeitado. Contudo, com ele não concordamos. Em um processo penal democrático, além dos preciosos direitos do réu processado, também não se pode ignorar a existência dos direitos individuais da vítima e do direito fundamental à segurança da qual é titular a sociedade, ambos com supedâneo constitucional. Nesse ponto, comungamos da posição de Rogério Sanches Cunha e Ronaldo Batista Pinto (2020, p. 54), para quem

> essa formulação nos parece bastante razoável, capaz de preservar a presunção da constitucionalidade do dispositivo, pois sopesa ambos os direitos, de modo a prevalecer a possibilidade de reabertura do processo, sobretudo quando se cuida de crime gravíssimo, por atentar contra o bem jurídico mais valioso [...].

Em acréscimo, não podemos ignorar que a impronúncia foi mantida pelo legislador reformador de 2008, sendo presumidamente constitucional, e, seja como for, o réu deixará de ter contra si aquela ação penal.

Ainda sobre o tema, não há como desconsiderar a prática forense, sendo possível afirmar que são muito raros os casos em que efetivamente exsurgem novas provas aptas ao reinício da persecução penal. Em razão da grande quantidade de casos criminais, são largamente conhecidas as condições de trabalho tumultuadas das delegacias brasileiras, o que, no mais das vezes, faz com que se dê conta apenas de impulsionar os procedimentos presentes, e não revisitar situações passadas, a não ser que apareça algo desconhecido extremamente grave.

Assim, a crítica doutrinária deve ser registrada, mas há de ser temperada com a realidade dos casos concretos. Em verdade, a decisão de impronúncia acaba trazendo mais benefícios do que ônus ao réu, além do que, retirar do juiz sumariante a possibilidade de impronúncia, submetendo-o a uma espécie de regra do "tudo ou nada", poderia acarretar mais decisões de pronúncia, acabando por transversalmente prejudicar os réus.

Natureza e cabimento

A absolvição sumária, nos termos do art. 415 do CPP, consubstancia-se em decisão de mérito, que demanda do magistrado análise aprofundada do conjunto probatório. Diferencia-se da impronúncia na medida em que a pretensão punitiva do Estado é desde logo julgada improcedente, ao passo que, na impronúncia, como visto, reconhece-se apenas que não há lastro suficiente para a acusação. Além disso, justamente por julgar o mérito da ação, a decisão que absolve sumariamente o acusado forma coisa julgada formal e material, isto é, mesmo que surjam novas provas após o trânsito em julgado da decisão, o acusado não pode ser processado pela mesma imputação, até porque não existe revisão criminal *pro societate*.

Art. 415. O juiz, fundamentadamente, absolverá desde logo o acusado, quando:
I – provada a inexistência do fato;
II – provado não ser ele autor ou partícipe do fato;
III – o fato não constituir infração penal;
IV – demonstrada causa de isenção de pena ou de exclusão do crime.

> Parágrafo único. Não se aplica o disposto no inciso IV do caput desse artigo ao caso de inimputabilidade prevista no caput do art. 26 do Código Penal, salvo quando for a única tese defensiva.

De acordo com os incisos do art. 415 do CPP – e que repetem parcialmente o quanto dispõe o art. 386 –, a absolvição sumária tem lugar nas hipóteses em que for provada a inexistência do fato, restar provado não ser o agente autor ou partícipe do fato, ficar demonstrado que o fato praticado não constitui infração penal ou, então, nos casos de manifesta existência de causas de isenção de pena ou de exclusão do crime.

Portanto, com a reforma do procedimento do júri de 2008, houve uma ampliação das possibilidades de absolvição sumária, tendo em vista que, antes da Lei n. 11.689/2008, apenas havia previsão para se absolver sumariamente em casos de excludentes da ilicitude ou da culpabilidade.

É de suma importância frisar que, em respeito à competência constitucional do tribunal do júri, a absolvição sumária é providência excepcional, reservada apenas para situações em que há certeza por parte do julgador. Isso pode ser facilmente verificado pelas expressões que foram utilizadas pelo legislador: *provado* não ser ele autor ou partícipe do fato, *provada* a inexistência do fato, e *demonstrada* causa de isenção de pena ou de exclusão do crime. Assim, em caso de mera falta de elementos probatórios suficientes, por exemplo, não deve ser o réu absolvido sumariamente, mas sim impronunciado.

A existência da absolvição sumária não implica nenhuma ofensa à competência constitucional do Tribunal do Júri. Ao contrário, possibilita sua otimização, garantindo que não sejam levados adiante casos evidentes de absolvição e inocência. É bem verdade que a análise do magistrado deve ser informada pela soberania do Tribunal Popular e de seus vereditos, mas também por outros vetores de alçada constitucional, como a dignidade da pessoa humana, e mesmo pela razoável duração do processo. É sob esse viés que amplamente se reconhece a constitucionalidade da absolvição sumária no procedimento do júri[14].

Absolvição sumária e inimputabilidade

Questão bastante peculiar no âmbito da absolvição sumária é aquela que se mostra em caso de inimputabilidade do acusado. No procedimento comum, a inimputabilidade não é causa de absolvição sumária, ao passo que, no âmbito do procedimento dos crimes dolosos contra a vida, o que se verifica é o contrário. Conforme o previsto no parágrafo único do art. 415 do CPP, é possível que desde logo o magistrado absolva sumária e impropriamente o acusado, impondo-lhe o cumprimento de medida

---

14 Nesse sentido, "A possibilidade de o magistrado togado evitar que o processo seja remetido e julgado pelo Tribunal Popular está de acordo com o espírito da Constituição. [...]. Estando o juiz convencido, com segurança, desde logo, da licitude da conduta do réu, da falta de culpabilidade, da inexistência do fato, da sua atipicidade ou da inocência do réu, não há razão para determinar que o julgamento seja realizado pelo Tribunal Popular. Não fosse assim, a instrução realizada em juízo seria totalmente despicienda" (Nucci, 2018, p. 124).

de segurança. Entretanto, frisamos, para que se abra essa perspectiva que o dispositivo legal estabelece, é imperioso que a inimputabilidade consista na única tese defensiva.

Em consequência, mesmo que a incapacidade reste comprovada – avaliação que deve ser feita pela devida instauração de incidente de insanidade mental (art. 149 e seguintes do CPP) –, caso a tese defensiva seja em outro sentido, como suscitando o reconhecimento de legítima defesa ou negativa de autoria, cumpre ao magistrado encaminhar o julgamento a plenário, para que a decisão seja tomada pelo Conselho de Sentença. Isso porque há séria consequência jurídica para o reconhecimento da inimputabilidade: a submissão do sentenciado ao cumprimento de medida de segurança, espécie de sanção penal ensejadora de internação ou de tratamento ambulatorial, nos termos do art. 97 do Código Penal.

Entretanto, a semi-imputabilidade não admite, por si só, a absolvição sumária ou mesmo a impronúncia (Lima, 2016). Assim, uma vez constatado ser o réu semi-imputável e preenchidos os demais requisitos, deve ele ser pronunciado para julgamento perante o Tribunal Popular.

Isso decorre do fato de que a semi-imputabilidade, nos termos do parágrafo único do art. 26 do Código Penal, é uma minorante de pena, resultando, em regra, apenas em redução da reprimenda imposta na proporção de um ou dois terços. Portanto, trata-se de assunto restrito à fixação da pena, devendo ser apreciado pelo juiz togado, mas que não tem o condão de afastar o julgamento do mérito pelo Conselho de Sentença. Conforme muito bem apontam Rogério Sanches Cunha e Ronaldo Batista Pinto (2020, p. 1.295), "o artigo 415, inciso IV, do código, dispõe ser cabível a absolvição sumária quando 'demonstrada causa de isenção de pena', sendo que a semi-imputabilidade, como já destacado, não induz à isenção de pena, mas à sua mera redução".

Crimes conexos

Ainda, é preciso atentar para qual é o tratamento adotado no caso de pluralidade de crimes. Nesse caso, a absolvição somente tem o condão de atingir o crime doloso contra a vida, não tendo nenhum efeito em relação às infrações conexas. Dessa maneira, reconhecendo-se que não há crime de competência do júri, cessa-se de imediato qualquer possibilidade de exame dos eventuais outros delitos conexos pelo juiz sumariante, devendo este se abster de tecer qualquer consideração a respeito.

O magistrado deve, assim, encaminhar os autos para o juiz singular competente, a quem cabe o julgamento dos crimes remanescentes, tais como furto, roubo, tráfico de drogas, porte de armas[15] etc. Trata-se, à luz do que dispõe o art. 81, parágrafo único, do CPP, de uma exceção ao princípio do *perpertuatio jurisdictionis*, estabelecida no *caput* do mesmo dispositivo. De qualquer modo, para tal remessa, é preciso que se aguarde o

---

15 No que se refere ao crime de posse ou porte ilegal de arma de fogo, por ser crime autônomo e tutelar bem jurídico diverso do crime de homicídio, não se aplica o princípio da consunção. Nessa hipótese, em caso de absolvição sumária pelo crime doloso contra a vida, é perfeitamente possível o processamento pelos mencionados crimes do Estatuto do Desarmamento (nessa linha, vide: Habeas Corpus n. 120.678/PR, Brasil, 2015c).

transcurso do prazo recursal da decisão, pois, caso haja a apelação e o Tribunal de Justiça a ela dê provimento, pronunciando o acusado, os autos devem ser remetidos para julgamento pelo Tribunal do Júri, que analisará todos os crimes – doloso contra vida e conexos.

> Art. 416. Contra a sentença de impronúncia ou de absolvição sumária caberá apelação.

Desde logo, verificamos, no dispositivo legal, a confusão terminológica feita pelo legislador ao utilizar o termo *sentença*. Conforme já exposto quando dos comentários ao art. 414 do CPP, trata-se a impronúncia de decisão interlocutória, e não de sentença.

Feita a necessária anotação, o que percebemos é que o artigo disciplina como será atacada a decisão que impronuncia ou a que absolve sumariamente o réu: por meio do recurso de apelação. A redação do dispositivo é simples e autoexplicativa, mas importou em novidade em relação ao que havia antes da reforma de 2008, uma vez que, naquele tempo, a ferramenta recursal adequada para ambos os casos era o recurso em sentido estrito (antigo art. 581, incisos IV e VI, do CPP).

A alteração foi bem aceita pela doutrina, considerando que tanto a impronúncia quanto a absolvição sumária são vocacionadas a finalizar o processo, providência que melhor se adapta à lógica recursal da apelação.

Ademais, houve relevante consequência prática dessa alteração, tendo em vista que se tornou inviabilizado, em desfavor do réu, o juízo de retratação por parte do magistrado (art. 589 do CPP), uma vez que a providência não é prevista no processamento do recurso de apelação.

Em termos de legitimidade, de fato não há dúvida de que a apelação contra a decisão de impronúncia ou de absolvição sumária pode ser interposta não só pelo Ministério Público, mas também pelo assistente de acusação, nos termos do art. 271 do CPP. No entanto, existe discussão doutrinária acerca da legitimidade do réu (ou de seu defensor) em manejar recurso de apelação contra a impronúncia.

De um lado, há quem sustente ser-lhe possível o apelo, de modo que estaria a perseguir uma decisão formadora de coisa julgada material, que impede novo processo. Nesse sentido, sugerimos consultar Lima (2016, p. 1.145). De outro, existe corrente – que parece prevalecer – no sentido de que tal insurgência do impronunciado não deve ser admitida por falta de interesse recursal. Nessa linha, explicam Rogério Sanches Cunha e Ronaldo Batista Pinto (2020, p. 1.299) que "representaria inegável contrassenso o juiz decidir que não há prova do crime e nem indícios de sua autoria e o réu, ao contrário, recorrer afirmando que houve sim o crime, que ele foi seu autor, mas que agiu, por exemplo, em legítima defesa".

Por fim, questão interessante diz respeito ao manejo recursal pelo Ministério Público na hipótese em que o juiz pronuncia decotando, ou seja, "impronunciando" determinada qualificadora. Nessa situação, apesar dessa "impronúncia" em parte, o fato é que a decisão é de pronúncia, continuando a ser caso de recurso em sentido estrito, não de apelação, nos termos do art. 416 do CPP[16]. De qualquer modo, mesmo no caso de interposição equivocada, o apelo deve ser conhecido e processado, à luz do princípio da fungibilidade (art. 579 do CPP – por não haver má-fé configurada e por ter a apelação o mesmo prazo de interposição que o recurso em sentido estrito, qual seja, 5 dias).

> Art. 417. Se houver indícios de autoria ou de participação de outras pessoas não incluídas na acusação, o juiz, ao pronunciar ou impronunciar o acusado, determinará o retorno dos autos ao Ministério Público, por 15 (quinze) dias, aplicável, no que couber, o art. 80 deste Código.

Diante da importância do princípio da indivisibilidade da ação penal, o qual exige que a ação penal seja exercida em face de todos aqueles que concorreram para o fato (art. 48 do CPP),

---

16 Essa é a linha adotada pela jurisprudência do STJ: REsp n. 1.706.918 (Brasil, 2018i); AgRg no AREsp n. 1.242.207 (Brasil, 2018c); AgRg no AREsp n. 1.139.192 (Brasil, 2018b).

o legislador se ocupou de torná-lo evidente no procedimento do júri.

Nesse sentido, o art. 417 do CPP estabelece que, se ao final da primeira fase surgirem provas que apontem para a possível responsabilização de pessoas até então não acusadas naquele processo pelos mesmos fatos[17], o juiz remeterá os autos ao Ministério Público para que este, se for o caso, adite a denúncia no prazo de 15 dias.

Devemos atentar para a ressalva destacada na parte final do art. 417, que, na forma do art. 80 do CPP, autoriza a separação do processo em determinadas situações. Nessa hipótese, não sendo recomendável o aditamento da denúncia, a solução é o oferecimento de outra peça acusatória em face dos demais coautores e a continuidade do processo inicial, com a prolação de eventual decisão de pronúncia em relação ao primeiro acusado.

Ilustrando, imaginemos a situação na qual o réu se encontra custodiado cautelarmente desde o inquérito policial, e, após transcorrida toda a instrução criminal, um novo sujeito seja apontado como coautor do crime. Caso o primeiro réu fosse obrigado a aguardar todo o processamento daquele novo acusado – denúncia, citação, constituição ou nomeação de defensor, apresentação de resposta etc. –, certamente se configuraria o constrangimento ilegal decorrente do excesso de prazo para a formação da culpa, o que levaria à soltura do acusado mesmo

---

[17] Se houver indicativo de coautoria ou participação em relação a fatos delituosos diversos, o juiz deve proceder nos termos do art. 40 do CPP, com encaminhamento das peças processuais ao órgão do Ministério Público com atribuição para sua apuração.

que presentes os pressupostos de sua prisão. Nesses casos, portanto, é recomendável a providência de separação dos processos.

Caso o Órgão Ministerial se recuse a proceder ao aditamento, aplica-se o mesmo raciocínio do contido no art. 384, parágrafo 1º, do CPP. Portanto, com supedâneo no art. 28 do CPP, haverá a provocação do Procurador-Geral de Justiça para a adoção de uma das providências estabelecidas no dispositivo. Caso o Procurador-Geral concorde com o juiz, ele próprio ou novo promotor por ele designado ofertará o aditamento à denúncia; caso se verifique o contrário, com conservação do posicionamento do promotor, não haverá a inclusão do terceiro apontado, mantendo-se os termos da imputação inicial. Assim, em última análise, a decisão de inclusão ou não de corréu cabe ao Ministério Público, na condição de *dominus litis*.

No que diz respeito à ação penal privada subsidiária da pública, "caso o querelante se negue a aditar a queixa, cabe ao Ministério Público retomar a ação, nos termos do artigo 29 do Código de Processo Penal, ofertando, se assim entender, a respectiva denúncia contra aquele terceiro surgido durante a instrução probatória" (Cunha; Pinto, 2020, p. 1.302).

Art. 418. O juiz poderá dar ao fato definição jurídica diversa da constante da acusação, embora o acusado fique sujeito a pena mais grave.

O art. 418 do CPP trata da *emendatio libelli*, praticamente repetindo a redação prevista no art. 383 do do mesmo Código, o qual regulamenta o instituto. Ao que parece, o legislador optou por deixar claro que a *emendatio* também tem aplicação viável nos crimes de competência do Tribunal do Júri.

De forma resumida, por meio *emendatio libelli*, o magistrado, após encerrada a instrução criminal, procede à correção da classificação jurídica dada aos fatos pelo órgão acusador, sendo-lhe possível até mesmo conferir definição jurídica mais grave à narrativa apresentada.

Para ilustrar, ocorre a *emendatio*, entre outras várias hipóteses, quando o Ministério Público descreve que o réu teria matado a vítima por conta de dívida de drogas, mas capitula o crime no homicídio simples. Quando da prolação da pronúncia, pode o juiz entender que o ocorrido melhor se enquadra à modalidade qualificada, em razão da existência do motivo torpe (alteração da definição jurídica do art. 121, *caput*, para art. 121, parágrafo 2º, inciso I, do Código Penal).

Notemos, contudo, que o julgador, por força do princípio da correlação ou congruência, está vinculado aos fatos que sustentam a acusação, isto é, em atenção à estrutura acusatória do processo penal, não é possível que o magistrado altere a descrição fática descrita na denúncia (Rangel, 2012, p. 178), mas somente a capitulação jurídica a ela conferida, valendo aqui o brocardo de que *narra mihi factum, dabo tibi jus* ("narra-me o fato, eu te darei o direito").

Nesse mesmo aspecto, para que haja aplicação da *emendatio libelli*, válido registrar que nem mesmo é necessário ouvir previamente a defesa, tendo em conta que o réu se defende dos fatos que lhe são imputados, e não de sua classificação legal. Não haveria, portanto, nenhuma ofensa aos princípios da ampla defesa ou do contraditório, tendo em vista não se vislumbrar qualquer prejuízo à defesa, que não poderá sustentar ter sido surpreendida.

> Art. 419. Quando o juiz se convencer, em discordância com a acusação, da existência de crime diverso dos referidos no § 1º do art. 74 deste Código e não for competente para o julgamento, remeterá os autos ao juiz que o seja.
>
> Parágrafo único. Remetidos os autos do processo a outro juiz, à disposição deste ficará o acusado preso.

Aspectos gerais da desclassificação – natureza jurídica e modalidades

Dando continuidade à lógica apresentada pelo dispositivo anterior – de que é conferida ao juiz a livre dicção do direito, com a prerrogativa de alterar a classificação jurídica dos fatos –, o art. 419 do CPP denota a possibilidade de que o magistrado entenda pela ocorrência de um delito diverso daqueles que são de competência do Tribunal do Júri, os dolosos contra a vida (art. 5º, inciso XXXVIII, da Constituição Federal, e art. 74, parágrafo 1º, do CPP), ocasião em que restará materializada a decisão de desclassificação. No magistério de Hermínio Marques Porto (2001, p. 66), "a decisão desclassificatória, levantando uma nova classificação penal, importa no afastamento da competência do júri, encaminhando o processo ao conhecimento do juiz singular competente [...]".

Quanto à natureza jurídica da desclassificação, trata-se de decisão interlocutória simples, que modifica a competência do juízo, não adentrando o mérito, tampouco fazendo cessar o processo.

Em verdade, no *juidicium accusationis*, duas são as desclassificações possíveis: própria e imprópria. Na desclassificação própria, o magistrado efetivamente reconhece a ocorrência de delito diverso de crime doloso contra a vida, ao passo que, na desclassificação imprópria, o crime é alterado, mas continua sendo doloso contra a vida (como no caso de um homicídio que é desclassificado para um infanticídio, por exemplo). A desclassificação imprópria conduz à pronúncia do acusado, tendo em vista que o Tribunal do Júri permanece competente para apreciar o delito.

Desse modo, o artigo em comento trata da desclassificação própria, em que a competência do Tribunal do Júri resta afastada, de maneira que o magistrado deve remeter os autos ao juízo singular competente, sendo-lhe vedado o julgamento da causa, nos termos do art. 74, parágrafo 3º, do CPP. O caso mais recorrente é a desclassificação do crime de tentativa de homicídio (art. 121, na forma do art. 14, inciso II, ambos do Código Penal) para uma das modalidades do crime de lesão corporal (art. 129 do Código Penal), por manifesta ausência do *animus necandi*.

Isso exposto, registramos que o juiz sumariante somente deve proceder à desclassificação quando houver absoluta convicção quanto à não configuração de crime doloso contra a vida. Em outras palavras, havendo lastro probatório e jurídico suficiente, não se deve subtrair de forma precipitada dos jurados sua legítima competência constitucional.

Ao encetar a desclassificação do crime doloso contra a vida, deve o magistrado evitar imiscuir-se na nova capitulação legal, sob pena de indevida incursão no mérito de causa de competência alheia. Basta, então, ao juiz sumariante fixar claramente a razão pela qual não trata aquela infração penal de crime de sua competência, deixando para o juiz que receber os autos a nova classificação do delito. Sem embargo, eventual capitulação realizada não vinculará a análise do juiz competente[18].

Do mesmo modo que acontece com a absolvição sumária, havendo a desclassificação, também serão remetidas ao juiz singular as infrações conexas, nos termos do art. 81, parágrafo único, do CPP. No entanto, do mesmo modo, é preciso que o juiz aguarde o processamento e o julgamento de eventual recurso contra sua decisão para, se ainda for o caso, proceder à remessa.

---

18 No que se refere ao juiz que recebe o processo, a melhor opção é que proceda à abertura de vistas ao Ministério Público para que este faça o aditamento da denúncia, reabrindo, em seguida, a instrução, e possibilitando às partes a produção de provas, salvo se elas expressarem no processo sua dispensa, quando, então, o processo segue para alegações finais e sentença.

Conflito negativo de competência

Havendo a declinação, o juiz que recebe o processo fica obrigado a dar andamento ao processo, reconhecendo sua competência, ou pode entender que o crime é doloso contra a vida e suscitar conflito negativo de competência? A questão é bastante controversa, havendo duas correntes.

A primeira aduz que não é possível o juiz suscitar conflito, pois, quando recebido o processo, a matéria já se encontra preclusa (seja porque não houve recurso das partes, seja porque ele já foi analisado pelo juízo *ad quem*), havendo coisa julgada.

Outra corrente, de forma diametralmente oposta, entende que a matéria versa sobre questão de competência absoluta, não havendo preclusão e não existindo impedimento para que o juiz que recebeu o processo se dê por incompetente e suscite o conflito. E, para os adeptos a esse pensamento, isso é possível até mesmo nos casos em que o tribunal tenha enfrentado o recurso da decisão desclassificatória, considerando que o recurso da decisão do juiz é julgado por qualquer das Câmaras Criminais do Tribunal de Justiça, sendo o conflito de competência julgado, em regra, pela Câmara Especial da Corte, a quem cabe dar a última palavra sobre qual é o juízo competente.[19]

---

19   Nesse sentido, de ser possível a suscitação de conflito negativo de competência, o novo posicionamento de Guilherme de Souza Nucci (2018, p. 1.175), para quem "Em um primeiro momento, críamos ser mais correta a primeira posição, embora atualmente faça mais sentido, para nós, a segunda. Note-se que a competência em razão da matéria é absoluta e não pode ser prorrogada, razão pela qual, a todo instante, pode o magistrado suscitá-la, tão logo dela tome conhecimento.

Recurso da decisão desclassificatória

Conforme estabelece o art. 581 do CPP, é possível que a decisão de desclassificação seja atacada mediante recurso em sentido estrito, não havendo mudança com a edição da Lei n. 11.689/2008.

É evidente a legitimidade recursal do Ministério Público para questionar a decisão de desclassificação, até porque, em regra, a decisão acaba por importar em reconhecimento de crime menos grave. Mas também pode haver interesse e legitimidade do réu em recorrer para que seja pronunciado, considerando que é possível que a desclassificação conduza a julgamento por delito ainda mais grave – é o que ocorre, por exemplo, nos casos de desclassificação de um crime de homicídio para um de latrocínio ou de extorsão mediante sequestro com resultado morte.

Contudo, como ensina Renato Brasileiro de Lima (2016, p. 1.174), não se mostra cabível o recurso do réu para fins de obter sua absolvição sumária, sob pena de supressão de instância, uma vez que o juiz sumariante apenas relatou não ter havido crime doloso contra a vida, com ausência do *animus necandi*, mas não procedeu ao exame de todos os elementos da infração penal, de suas eventuais causas justificantes e exculpantes. De fato, na desclassificação, ainda não houve condenação ou absolvição na primeira instância, revelando-se inviável pleitear diretamente a absolvição ao tribunal.

Com relação ao assistente de acusação, a legitimidade para recorrer é polêmica. Conforme apontam Rogério Sanches Cunha e Ronaldo Batista Pinto (2020, p. 1.305), uma primeira corrente defende a impossibilidade, uma vez que o interesse do assistente se restringe a obter qualquer modalidade de condenação em âmbito criminal (que ainda pode ocorrer no novo juízo), a fim de que proceda à futura execução ou liquidação no cível (art. 63 do CPP).

Entretanto, o posicionamento que se mostra mais adequado é aquele que adota uma visão mais moderna desse importante sujeito processual, não o enxergando como mero interessado em uma indenização cível, de cunho patrimonial, mas sim como verdadeiro colaborador do Ministério Público na busca por uma responsabilização justa e proporcional do infrator. Portanto, segundo essa linha de pensamento, faculta-se ao assistente de acusação a possibilidade de recorrer contra a decisão de desclassificação do crime doloso contra a vida.

Finalizando o estudo desse dispositivo, observamos que o parágrafo único do art. 419 trata da situação do réu preso, estabelecendo que ele ficará à disposição do outro juiz. Isso significa que a desclassificação não é, por si só, causa para a soltura do acusado, devendo a avaliação da manutenção ou não da custódia cautelar ser feita pelo juiz competente assim que tomar conhecimento dos autos.

Art. 420. A intimação da decisão de pronúncia será feita:

I – pessoalmente ao acusado, ao defensor nomeado e ao Ministério Público;

> II – ao defensor constituído, ao querelante e ao assistente do Ministério Público, na forma do disposto no §1º do art. 370 deste Código.
> Parágrafo único. Será intimado por edital o acusado solto que não for encontrado.

A lei processual deu a devida atenção para o modo pelo qual os sujeitos processuais são cientificados acerca da decisão do juiz de encaminhar o acusado para julgamento pelo Tribunal do Júri. Com as modificações trazidas pela Lei n. 11.689/2008, o modo de intimação da pronúncia foi alterado significativamente, tornando-se mais eficaz e simples.

Segundo o art. 420 do CPP, serão intimados pessoalmente o acusado, o defensor nomeado (incluído o defensor público) e o Ministério Público, cabendo a intimação por publicação na imprensa oficial do defensor constituído, do advogado do querelante e do advogado do assistente de acusação.

De qualquer modo, a alteração mais relevante ocorreu em razão do disposto no parágrafo único do mencionado artigo: desde sua previsão, admite-se que o réu não encontrado para intimação pessoal seja intimado por edital.

Antes da reforma de 2008, o art. 414, *caput*, do CPP estabelecia que, se o crime fosse inafiançável, era necessária que intimação da pronúncia do acusado fosse pessoal, sendo inadmitida a intimação por edital: "Art. 414. A intimação da sentença de pronúncia, se o crime for inafiançável, será sempre feita ao réu pessoalmente" (Brasil, 1941a). Essa sistemática, não raras vezes, inviabilizava o prosseguimento do processo, que ficava paralisado até que o pronunciado fosse encontrado e intimado da decisão: "Artigo 413. O processo não prosseguirá até que o réu seja intimado da sentença de pronúncia" (Brasil, 1941a). Essa paralisação, que não suspendia o prazo prescricional, era conhecida como *crise de instância*.

Atualmente, além de ser possível a intimação do réu solto não encontrado pela via editalícia[20], é perfeitamente possível, inclusive, que o julgamento em plenário aconteça sem sua presença, seja qual for o crime praticado (art. 457 do CPP)[21].

Sem embargo, mesmo que a mera leitura do dispositivo não deixe margem para dúvidas, importa consignar que essa possibilidade de intimação editalícia não se estende ao acusado preso, pois, evidentemente, sendo o Estado conhecedor de seu paradeiro, a intimação deve ser pessoal.

---

20 Apesar de não ser estipulado expressamente nenhum prazo para o edital, com base em uma leitura sistemática do Código, é possível afirmar que o prazo será de 15 dias, nos termos do que prevê o art. 361 do CPP.

21 No ponto, é válido anotar que essa possibilidade de o réu se ausentar do julgamento vai ao encontro de seu direito ao silêncio e ao direito de não se autoincriminar (*nemo tenetur se detegere*). Assim, essa regra, que, de um lado, parece contrária aos interesses do acusado por possibilitar o julgamento, evitando a paralisação do processo, por outro, também o beneficia, pois lhe confere a faculdade de, se assim entender favorável à sua defesa, não comparecer à sessão plenária.

> Art. 421. Preclusa a decisão de pronúncia, os autos serão encaminhados ao juiz presidente do Tribunal do Júri.
>
> § 1º Ainda que preclusa a decisão de pronúncia, havendo circunstância superveniente que altere a classificação do crime, o juiz ordenará a remessa dos autos ao Ministério Público.
>
> § 2º Em seguida, os autos serão conclusos ao juiz para decisão.

Finalizando a Seção II do Capítulo dos procedimentos relativos aos processos da competência do Tribunal do Júri, o art. 421 do CPP estabelece que, com a preclusão da decisão de pronúncia – seja pela não utilização, seja pelo exaurimento da via recursal –, os autos serão remetidos ao juiz-presidente do Tribunal do Júri. Trata-se da última providência a ser realizada antes da preparação do processo o julgamento em plenário.

O dispositivo traz regra que é mais bem compreendida quando lida em conjunto com as determinações de organização judiciária de cada Tribunal de Justiça[22]. Com efeito, essa remessa é feita na hipótese de, segundo a lei local, existir um

---

22 A título de exemplo, o Tribunal de Justiça do Estado do Paraná editou, recentemente, a Resolução n. 249, de 6 de abril de 2020, com o fito de alterar regra anterior, a qual previa que os crimes dolosos contra a vida cometidos em situação de violência doméstica, durante a primeira fase de julgamento, seriam conduzidos perante o Juizado de Violência Doméstica e Familiar Contra a Mulher e, somente após a pronúncia, encaminhados ao Tribunal Popular. Segundo a nova regulamentação, referidos crimes serão processados, desde o oferecimento da denúncia, na Vara Especializada do Tribunal do Júri, que passa a ter competência para ambas as fases do procedimento escalonado (Paraná, 2020).

juiz que preside a primeira fase do procedimento (juiz da instrução), e outro, a segunda (juiz do plenário). Há diversas comarcas, no entanto, em que o juiz-presidente será o mesmo magistrado que conduziu o processo durante a primeira fase, havendo, na prática, apenas alteração de nomenclatura após a distribuição no sistema.

Sobre a preclusão que menciona o texto legal, apesar de posicionamento contrário[23], prevalece no Supremo Tribunal Federal (STF) o entendimento de que se refere apenas à preclusão *pro judicato* da pronúncia em relação aos recursos ordinários, tendo em vista que, nos termos do art. 637 do CPP, os recursos extraordinários não têm efeito suspensivo[24]. Assim, quando incabível interposição de recurso na segunda instância, é possível que o feito seja encaminhado para julgamento.

Por fim, nos parágrafos 1º e 2º do art. 421, fica estabelecido que, em havendo circunstância superveniente à preclusão da decisão de pronúncia – como na hipótese do falecimento da vítima hospitalizada –, cumpre ao Ministério Público, se for o caso, aditar a imputação inicial (no exemplo, capitulando o fato no crime de homicídio consumado, não mais tentado). Nesse caso, após nova instrução, outra decisão de pronúncia deverá ser

---

23 Aury Lopes Jr. (2013) entende que o espaço de interpretação da redação do artigo é muito limitado e só há preclusão quando não mais houver pendência de recursos. Para o autor, "não pode ser aprazado o julgamento pelo tribunal do júri enquanto não houver preclusão, ou seja, enquanto não forem julgados os recursos interpostos" (Lopes Jr., 2013, p. 1.006-1.007).

24 Nesse sentido, ver: HC n. 130.314/DF, 2ª Turma, Rel. Min. Teori Zavascki, julgado em 26/10/2016 (Brasil, 2016b).

prolatada, renovando-se, inclusive, a possibilidade de impugnação por meio de recurso em sentido estrito (Cunha; Pinto, 2020).

Capítulo 3

Da preparação do processo para julgamento em plenário

Como já mencionamos, antes da reforma processual empreendida em 2008, proferida a pronúncia, existia uma etapa intermediária destinada à formulação do libelo pelo Ministério Público, especificando se a acusação a ser feita em plenário. Com seu oferecimento, dava-se início à nova fase do procedimento.

Atualmente, entretanto, com a preclusão da decisão de pronúncia já se iniciam os atos de preparação do processo para julgamento em plenário. É aqui que tem início o que se chama de *segunda fase do rito escalonado do júri*, conhecido como *judicium causae*.

Art. 422. Ao receber os autos, o presidente do Tribunal do Júri determinará a intimação do órgão do Ministério Público ou do querelante, no caso de queixa, e do defensor, para, no prazo de 5 (cinco) dias, apresentarem rol de testemunhas que irão depor em plenário, até o máximo de 5 (cinco), oportunidade em que poderão juntar documentos e requerer diligência.

Preparação para julgamento em plenário

O art. 422 do Código de Processo Penal (CPP), inaugurando esse novo momento processual, estabelece o momento processual para que as partes apresentem o rol de testemunhas que serão intimadas para depor em plenário, providência que deve ser realizada no prazo de 5 dias, sob pena de preclusão.

Apesar de ser uma faculdade da parte, a intenção do dispositivo parece ser no sentido de que a instrução processual se repita em plenário, diante dos jurados, pois é somente nesse momento que tomarão efetivo conhecimento do caso. E, realmente, esse contato direto com a prova é de extrema importância, uma vez que esses cidadãos investidos de judicatura, além de ouvirem a testemunha, podem formar suas próprias convicções – diante de intuições e impressões que só a presença física possibilita – sobre a veracidade e a eloquência do depoimento. Destarte, mostra-se absolutamente recomendável que o tribuno evite a mera repetição da prova produzida na primeira fase e arrole testemunhas para a sessão plenária, podendo ser as já ouvidas anteriormente ou não[1].

É o que também anota Edílson Mougenot Bonfim (2018, p. 214), para quem,

> em última instância o jurado, ao julgar, também é substancialmente uma testemunha. Testemunha da testemunha. É que testemunhando ele próprio a produção oral, viva ali realizada no plenário, na hora de julgar, antes e depositar o voto na urna, há natural tendência de dar-lhe a "preponderância do último argumento", a força própria da última – e única – prova a que assistiu produzir.

---

1 Por diversas vezes, as testemunhas são as mesmas que já depuseram durante a primeira fase, mas isso não é uma obrigatoriedade, mostrando-se, por ausência de vedação legal, perfeitamente possível que novas pessoas sejam arroladas.

Em homenagem aos princípios da imediação e da oralidade, Aury Lopes Jr. (2013, p. 1.030) defende o mesmo: "Em plenário poderá ser realizada uma instrução plena, com oitiva de testemunhas, acareações, reconhecimento de pessoas e coisas e o esclarecimento dos peritos. Assim, deveria funcionar o júri: prova produzida na frente dos jurados".

Não obstante, de modo a não alongar por demais a sessão de julgamento, a lei traz uma limitação no número de oitivas: ao passo que, no sumário de culpa, é autorizada a oitiva de, no máximo, oito testemunhas por fato (art. 406, parágrafo 2º, do CPP), no plenário podem ser ouvidas até o máximo de cinco. Prevalece que a vítima não é incluída na contagem das testemunhas, de modo que pode ser arrolada mesmo que a parte já tenha esgotado o número legal. Também se tem entendido que informantes não são incluídos na contagem, considerando que o Código diz expressamente "testemunhas"[2].

Ainda sobre a oitiva em plenário, em atenção às disposições da Lei n. 13.431, de 3 de abril de 2017 – que instituiu verdadeiro sistema de direitos e garantias da criança e do adolescente vítima ou testemunha de violência (Brasil, 2017a), Rogério Sanches e Ronaldo Batista Pinto (2020), de forma acertada, ressaltam que, para evitar a vitimização secundária, a criança ou o adolescente que já tiver sido ouvido na primeira fase do procedimento não deve ser arrolado novamente, salvo no caso de

---

2 É nessa linha o entendimento do Supremo Tribunal Federal (STF), manifestado no Recurso Extraordinário com Agravo ARE n. 1.129.768/PA (Brasil, 2018l).

extrema necessidade (art. 11, parágrafo 2°, da referida lei), quando deverão ser adotadas as cautelas trazidas pelos arts. 9°, 10 e 11, resguardando, ao menos minimamente, a privacidade e a segurança dessas pessoas.

Questão interessante refere-se à possibilidade de o assistente de acusação apresentar rol de testemunhas, sendo três as perspectivas a esse respeito: (1) a omissão legal no art. 422 do CPP configura-se em silêncio eloquente, ou seja, a lei não conferiu autorização para esse sujeito processual arrolar testemunhas; (2) em homenagem ao princípio da busca pela famigerada verdade real, seria possível que o assistente arrolasse suas próprias testemunhas autônoma e livremente; (3) é possível o assistente indicar testemunhas, mas desde que em caráter complementar, ou seja, no caso de o Ministério Público não esgotar o número legal permitido.

Adotamos a terceira posição. Assim, é de se conferir ao assistente de acusação a possibilidade de arrolar testemunhas, completando as indicadas pelo órgão ministerial (por exemplo, no caso de o promotor indicar três testemunhas, o assistente poderia indicar outras duas).

Cláusula de imprescindibilidade

Na prática, é muito comum que as testemunhas sejam arroladas com a chamada *cláusula de imprescindibilidade*. Isso porque, consoante estabelece o art. 461 do CPP, caso a testemunha imprescindível não compareça, o juiz-presidente deve tomar alguma das providências elencadas no art. 461, isto é, suspender o julgamento e determinar a condução coercitiva da testemunha, ou decretar o adiamento da sessão de julgamento. Voltaremos ao tema quando da análise do mencionado dispositivo.

Diligências e documentos

Para além da indicação das testemunhas, o art. 422 do CPP representa o momento oportuno para a especificação das provas que serão produzidas ou apresentadas em plenário. Para tanto, as partes podem requerer a realização de diligências faltantes, bem como a confecção de perícias ou suas complementações, além do envio de eventuais apreensões e a cobrança de laudos e documentos pendentes.

O dispositivo trata também da possibilidade de juntada de documentação pela acusação e pela defesa, o que, em verdade, perdura até os três dias úteis que antecedem o julgamento em plenário, conforme enuncia o art. 479 do CPP. Assim, na prática – a fim de evitar o conhecimento antecipado das possíveis teses que serão levantadas em plenário, manter o adversário ocupado nos últimos dias de preparação, bem como garantir a atualidade dos documentos acostados – o mais usual é que a juntada documental seja realizada quando o julgamento se avizinha, valendo-se do prazo autorizado pela lei.

Saneamento do processo

> Art. 423. Deliberando sobre os requerimentos de provas a serem produzidas ou exibidas no plenário do júri, e adotadas as providências devidas, o juiz presidente:
> I – ordenará as diligências necessárias para sanar qualquer nulidade ou esclarecer fato que interesse ao julgamento da causa;
> II – fará relatório sucinto do processo, determinando sua inclusão em pauta da reunião do Tribunal do Júri.

Na sequência, tendo em mãos as manifestações apresentadas pelas partes na fase do art. 422 do CPP, o juiz procederá ao ordenamento do processo, com vistas a sanar qualquer irregularidade existente, ou mesmo esclarecer questões que sejam relevantes ao julgamento do caso penal.

De acordo com Rangel (2012), trata-se de decisão de natureza interlocutória, e a denegação de alguma diligência não pode ser questionada por meio de recurso em sentido estrito, mas sim em sede preliminar de eventual apelação, sem risco de preclusão (sob o argumento de ocorrência de nulidade posterior à pronúncia, nos termos do art. 593, inciso III, alínea "a", do CPP), ou, a depender do caso, por meio de correição parcial[13].

Nessa oportunidade, o juiz deliberará sobre as diligências requeridas — examinando se são efetivamente necessárias ou protelatórias, por exemplo –, e a documentação juntada, além de verificar se as testemunhas apontadas conforme o número legal[14]. O magistrado deve também ordenar as demais medidas administrativas necessárias à realização da sessão plenária, como determinar ao cartório que intime as testemunhas arroladas, bem como oficie os órgãos responsáveis pela confecção e remessa dos documentos e laudos periciais pleiteados pelas partes.

Inclusão na pauta e relatório do processo

Ainda, deve o juiz elaborar um relatório sucinto dos autos, a ser entregue aos membros do Conselho de Sentença quando da realização do julgamento (art. 472, parágrafo único, parte final, do CPP). O relatório deve conter os principais acontecimentos do processo, apontando as páginas ou movimentações correspondentes. Em outras palavras, o juiz deve contar resumidamente a história daquele processo, quase que da mesma maneira que faria se estivesse elaborando o relatório essencial de sua própria

---

3   Nesse sentido, apontam-se os seguintes julgados do Superior Tribunal de Justiça (STJ): Habeas Corpus n. 619.951 (Brasil, 2020k); Habeas Corpus n. 552.968 (Brasil, 2020i); Habeas Corpus n. 498.993 (Brasil, 2019h) e o RHC n. 93.085 (Brasil, 2007).

4   Em caso de extrapolação do número permitido, o melhor caminho a ser adotado é a intimação da parte para que proceda à correção, sob pena de serem deferidas apenas as cinco primeiras.

sentença, mas sempre tendo em mente que esse seu arrazoado servirá de guia aos jurados. Por essa razão, a linguagem utilizada deve ser comedida e direta, limitando-se o magistrado a realizar um mero relato do *iter* procedimental, abstendo-se "de tecer apreciações pessoais sobre a prova, sob pena de exercer influência indevida no *animus judicandi* dos jurados[5]" (Lima, 2016, p. 160).

Confeccionado o relatório, o juiz determinará a inclusão do processo na pauta de reuniões do Tribunal do Júri, providência que, além de estabelecer uma data oficial para o julgamento, confere publicidade à sessão.

Art. 424. Quando a lei local de organização judiciária não atribuir ao presidente do Tribunal do Júri o preparo para julgamento, o juiz competente remeter-lhe-á os autos do processo preparado até 5 (cinco) dias antes do sorteio a que se refere o art. 433 deste Código.

Parágrafo único. Deverão ser remetidos, também, os processos preparados até o encerramento da reunião, para a realização de julgamento.

---

5   De acordo com Aury Lopes Jr. (2013), se a peça não for elaborada nos termos adequados, isto é, se houver excessos de linguagem ou indevidos juízos de valor, é possível até mesmo a impetração de mandado de segurança para buscar seu desentranhamento.

A previsão trazida pelo art. 424 do CPP tem aplicação bastante restrita, e o comum é que as leis de organização judiciária dos Tribunais de Justiça atribuam ao mesmo juiz a competência para o preparo de julgamento e o julgamento em si.

Entretanto, se assim não for, estabelece o dispositivo que o magistrado responsável por preparar o processo deve remetê-lo ao juiz que presidirá os trabalhos em plenário no prazo de 5 dias antes do sorteio dos jurados.

Capítulo 4

Do alistamento dos jurados

Neste capítulo, abordaremos o alistamento de jurados, desde a publicação da lista anual até o sorteio para a atuação em plenário.

Composição do Tribunal do Júri e alistamento dos jurados

> Art. 425. Anualmente, serão alistados pelo presidente do Tribunal do Júri de 800 (oitocentos) a 1.500 (um mil e quinhentos) jurados nas comarcas com mais de 1.000.000 (um milhão) de habitantes, de 300 (trezentos) a 700 (setecentos) nas comarcas com mais de 100.000 (cem mil) habitantes e de 80 (oitenta) a 400 (quatrocentos) nas comarcas com menor população.
>
> § 1º Nas comarcas onde for necessário, poderá ser aumentado o número de jurados e, ainda, organizada lista de suplentes, depositadas as cédulas em urna especial, com as cautelas mencionadas na parte final do §3º do art. 426 deste Código.
>
> § 2º O juiz presidente requisitará às autoridades locais, associações de classe e de bairro, entidades associativas e culturais, instituições de ensino em geral, universidades, sindicatos, repartições públicas e outros núcleos comunitários a indicação de pessoas que reúnam as condições para exercer a função de jurado.

Para atender ao disposto no art. 447 do Código de Processo Penal (CPP), o qual prevê que o tribunal do júri será formado por um juiz togado e 25 jurados, dos quais sete serão os membros do Conselho de Sentença, é preciso disciplinar de que forma serão sorteados esses cidadãos que funcionarão como juízes. Essa é a preocupação precípua do dispositivo em análise.

Assim, por meio do art. 425 do CPP, definem-se quantos serão os jurados sorteados anualmente, quantidade que será diretamente proporcional ao número de habitantes da comarca em que acontecerão os julgamentos.

Dessa maneira, nas comarcas com mais de um milhão de habitantes, serão sorteados de 800 a 1.500 jurados; nas comarcas com mais de 100 mil habitantes, serão sorteados de 300 a 700 jurados; e, nas comarcas de menor população, serão sorteados de 80 a 400 jurados.

Esses são os números anuais, e, para cada reunião periódica, entre eles, são sorteados os jurados que funcionarão nos respectivos julgamentos, sempre em vista ao atingimento do mínimo de 25 julgadores para a instalação da sessão (art. 433 do CPP). Entretanto, tendo em vista que a sessão de julgamento não pode sequer ser instalada com um número inferior a este, é comum que os magistrados acabem por convocar uma quantidade superior de jurados, visando prevenir eventuais desfalques[1].

---

1   No Tribunal de Justiça do Estado do Paraná, por exemplo, observando os editais quinzenais de convocação da 1ª e 2ª Varas do Tribunal do Júri de Curitiba, constatamos que é comum que sejam sorteados, no mínimo, 50 jurados para cada reunião (Paraná, 2021).

Indicação de jurados

O dispositivo prevê, ainda, que o juiz requisite às autoridades locais e diversos outros núcleos comunitários (como associações de classe e de bairro, entidades associativas e culturais, instituições de ensino em geral, universidades, sindicatos e repartições públicas) a indicação de pessoas que tenham condições de exercer a função de jurado, sendo o rol trazido pela lei meramente exemplificativo.

Na redação do revogado art. 439 do CPP, que versava sobre a matéria, o verbo utilizado pelo legislador era "poderá", ao passo que, na dicção atual, consta a expressão "requisitará", indicadora de que a adoção da providência consiste em uma obrigação – e não faculdade – do magistrado.

Aliás, a previsão é mais significativa do que parece. Com efeito, a instituição do Tribunal do Júri, na condição de instrumento de vocação e atuação democráticas, depende, em última análise, dos jurados que a compõem. Assim, ao determinar que o juiz questione vários agrupamentos distintos, possibilitando a participação de diversos segmentos, o legislador, além de homenagear o princípio da igualdade entre as pessoas, aumenta as chances de edificação de um Conselho de Sentença verdadeiramente plural, que reflita, de forma efetiva e na maior medida possível, as convicções e os anseios da sociedade como um todo, sem predominância de qualquer valor ou ideologia grupal. No mesmo sentido é o preciso escólio de Marrey, Franco e Stoco (1997, p. 100): "deve o juiz agir com critério na seleção das pessoas, procurando nos vários segmentos da comunidade aquelas que melhor os representem. Não significa deva distingui-los pela posição social, nem por seu destaque na sociedade, mas apenas pela idoneidade. Recomenda-se a diversificação, quanto possível, de funções sociais, de modo que a sociedade seja presente por todas as suas camadas".

Lista geral de jurados

Art. 426. A lista geral dos jurados, com indicação das respectivas profissões, será publicada pela imprensa até o dia 10 de outubro de cada ano e divulgada em editais afixados à porta do Tribunal do Júri.

§ 1º A lista poderá ser alterada, de ofício ou mediante reclamação de qualquer do povo ao juiz presidente até o dia 10 de novembro, data de sua publicação definitiva.

§ 2º Juntamente com a lista, serão transcritos os arts. 436 a 446 deste Código.

§ 3º Os nomes e endereços dos alistados, em cartões iguais, após serem verificados na presença do Ministério Público, de advogado indicado pela Seção local da Ordem dos Advogados do Brasil e de defensor indicado pelas Defensorias Públicas competentes, permanecerão guardados em urna fechada a chave, sob a responsabilidade do juiz presidente.

> § 4º O jurado que tiver integrado o Conselho de Sentença nos 12 (doze) meses que antecederem à publicação da lista geral fica dela excluído.
> § 5º Anualmente, a lista geral de jurados será, obrigatoria mente, completada.

Na sequência, o Código prevê que seja disponibilizada, até o dia 10 de outubro de cada ano, uma lista indicando o nome de todos jurados sorteados e as respectivas profissões, relação esta que, pela própria dicção do parágrafo 1º, pode ser eventualmente alterada, de ofício ou mediante reclamação de qualquer pessoa, até o dia 10 de novembro. Importante registrar que, a partir dessa data, diante da exclusão ou inclusão de jurado na lista definitiva, é cabível recurso em sentido estrito – interposto por qualquer pessoa, pelo próprio jurado, pela acusação ou pela defesa – ao presidente do Tribunal de Justiça ou Tribunal Regional Federal, com prazo de 20 dias (arts. 581, inciso XIV, e 586, parágrafo único, ambos do CPP).

Interessante e salutar a preocupação do legislador em evidenciar as profissões dos jurados, uma vez que é de grande valia quando da sessão plenária. Deveras, sendo o Tribunal do Júri o único espaço da justiça penal em que é possível "escolher", mesmo que parcialmente, o julgador da causa, o prévio conhecimento dos jurados, de seus hábitos e de suas convicções, mostra-se fundamental aos anseios das partes.

Há previsão, ainda, de que, junto à lista, sejam transcritos os arts. 436 a 446 do CPP, os quais tratam da função de jurado, dos benefícios e das responsabilidades da função, tudo na intenção de fazer com que os jurados compreendam a exata extensão do elevado *múnus* em que serão investidos.

Urna fechada à chave

O parágrafo 3º do dispositivo prevê que os nomes dos jurados sejam dispostos em fichas e verificados na presença dos sujeitos processuais potencialmente envolvidos nas sessões de julgamento – notadamente o Ministério Público, um advogado na condição de representante da Ordem dos Advogados do Brasil, e um defensor como representante da Defensoria Pública. Então, o magistrado passará a guardar as respectivas fichas em uma urna, a qual deve ser fechada à chave e ficar sob responsabilidade do juiz-presidente.

O antigo art. 440 do CPP exigia apenas a presença do Ministério Público, de modo que a previsão atual pode ser considerada mais democrática e, por isso, mais adequada.

"Jurado profissional" e mitigação de impactos pessoais ao jurado

Importante ressalva é feita pelo disposto no parágrafo 4º do art. 426 do CPP, o qual busca inviabilizar o chamado "jurado profissional", denominação conferida àquele cidadão que, por participar inúmeras vezes dos julgamentos, acaba por exercer a função quase que de maneira profissionalizada, como um juiz togado. Com tal previsão, ao mesmo tempo em que se busca afastar vícios e prejulgamentos, possibilitando a oxigenação do Tribunal Popular, pretende-se evitar que aquele cidadão – comum em pequenas comarcas – seja, mesmo a contragosto, invariavelmente convocado para servir como jurado, obrigando-se a deixar de lado suas atividades pessoais.

De qualquer sorte, como estipula o texto legal, para que haja a exclusão do jurado, é preciso que a pessoa tenha de fato integrado o Conselho de Sentença, ou seja, servido como julgador em alguma sessão plenária dentro daquele período de 12 meses. Desse modo, não basta que tenha simplesmente ingressado a lista geral, nem mesmo sido sorteado e dispensado por alguma das partes, sendo necessária a efetiva participação do conselho julgador como um de seus sete componentes.

Por fim, ao nosso ver, considerando que a decisão se dá por maioria (art. 489 do CPP), caso tenha algum jurado, participante do julgamento, integrado júri de outro processo dentro do prazo estabelecido pela lei, há nulidade absoluta da sessão plenária, sendo necessário o aprazamento de novo julgamento.

Capítulo 5

Do desaforamento

Aqui, abordaremos o instituto do desaforamento, desde o seu conceito e suas causas, até a consolidação de nova Comarca para o julgamento plenário.

> Art. 427. Se o interesse da ordem pública o reclamar ou houver dúvida sobre a imparcialidade do júri ou a segurança pessoal do acusado, o Tribunal, a requerimento do Ministério Público, do assistente, do querelante ou do acusado ou mediante representação do juiz competente, poderá determinar o desaforamento do julgamento para outra comarca da mesma região, onde não existam aqueles motivos, preferindo-se as mais próximas.
> § 1º O pedido de desaforamento será distribuído imediatamente e terá preferência de julgamento na Câmara ou Turma competente.
> § 2º Sendo relevantes os motivos alegados, o relator poderá determinar, fundamentadamente, a suspensão do julgamento pelo júri.
> § 3º Será ouvido o juiz presidente, quando a medida não tiver sido por ele solicitada.
> § 4º Na pendência de recurso contra a decisão de pronúncia ou quando efetivado o julgamento, não se admitirá o pedido de desaforamento, salvo, nesta última hipótese, quanto a fato ocorrido durante ou após a realização de julgamento anulado.

Conceito e aspectos gerais

O desaforamento, disciplinado pelos arts. 427 e 428 do CPP, pode ser entendido como instrumento de alteração da regra de competência territorial do Tribunal do Júri, cabível nas hipóteses específicas previstas em lei. Nesse sentido, o réu será julgado por Tribunal Popular de foro diverso daquele em que supostamente cometeu o crime, restando superada, de forma excepcional, a competência pelo lugar da infração enunciada no art. 70 do CPP.

Esse modelo de deslocamento de foro efetiva-se por meio de decisão jurisdicional da instância superior, em regra, do Tribunal de Justiça, configurando-se em medida de exclusividade da segunda fase do processo penal do júri, incabível, portanto, antes da preclusão da pronúncia ou em outros procedimentos de competência do juiz singular. Nesses casos, eventual parcialidade do julgador se discute por meio de exceção de suspeição (art. 95, inciso I, do CPP). Ainda, trata-se de ferramenta restrita, que se limita ao julgamento, de maneira que, além de não abranger a fase instrutória, não irradia efeitos nas fases posteriores, como na execução da pena (Rangel, 2012).

Importante ressaltar que não observamos, no instituto do desaforamento, ofensa ao princípio do juiz natural, tendo em vista que há regulamentação prévia e geral em lei, com validade para todos os réus, afastando-se quaisquer contornos de tribunal de exceção[1]. Na realidade, ao ter como objetivo a realização de um julgamento justo e imparcial, essa ferramenta legal vai

---

1 Nesse sentido, ver: Nucci, 2018, p. 987-988.

ao encontro dos consectários da mencionada garantia constitucional (art. 5º, incisos XXXVII e LIII, da Constituição Federal), concretizando-a em situações específicas.

Não obstante, essa retirada da sessão plenária da comarca de origem deve ser, de fato, como explica Mossin (1999), providência de exceção, em circunstâncias de acentuada anormalidade, não se admitindo que o instituto seja banalizado de modo que a alteração do local de julgamento se torne um padrão. A uma, porque não deve servir como recorrente subterfúgio para procrastinar ou tumultuar o processo. A duas, porque seu uso imoderado acabaria por desnaturar a própria essência do Tribunal Popular, que é justamente o julgamento do acusado pelos membros de sua comunidade.

Hipóteses de cabimento

O desaforamento tem cabimento apenas nos casos expressamente previstos em lei. O art. 427 do CPP traz três possibilidades: (1) em razão de interesse de ordem pública; (2) em caso de dúvida sobre a imparcialidade do júri; (3) quando houver risco à segurança pessoal do acusado.

1. Interesse da ordem pública. Conforme bem aponta Gustavo Badaró (2012, p. 485), apesar de se tratar de expressão "indeterminada e destituída de um referencial semântico seguro", podemos dizer que o termo *ordem pública* refere-se à segurança da comarca na qual o júri deverá ocorrer, evitando-se possíveis conturbações. Dessa maneira, havendo efetivo risco de abalo à tranquilidade e à paz social ocasionado pela

realização do julgamento público naquela localidade, é possível a transferência da sessão para outra comarca.

Segundo Lopes Jr. (2013), trata-se de uma cláusula guarda-chuva, por meio da qual se estabelece uma fórmula genérica e multifacetada capaz de abarcar eventuais situações não abrangidas pelas demais hipóteses autorizadoras. É o caso, por exemplo, de haver risco à incolumidade dos julgadores leigos, sendo imprescindível que se sintam seguros para julgar, o que exige um ambiente tranquilo, que permita sua livre manifestação, seja por meio de um veredito condenatório, seja absolutório.

2. Imparcialidade dos jurados. A prática demonstra ser essa a hipótese mais recorrente nos pedidos de desaforamento. Com efeito, são inúmeras as situações em que essa modalidade de desaforamento pode ter ocorrência, como nos casos em que réu ostenta enorme influência econômica e política na região, passando a intimidar ou corromper financeiramente os jurados, ou em casos em que a vítima seja pessoa extremamente conhecida e querida naquela localidade, de modo a haver uma comoção geral e apaixonada pela condenação do pronunciado.

De qualquer modo, nesse ponto, é fundamental anotar que, apesar de a lei não exigir um (inalcançável) juízo de certeza (Badaró, 2012), o comprometimento da isenção dos jurados deve ser fulcrado em elementos profundamente robustos. Em outras palavras, não é qualquer causa que leva à quebra da imparcialidade e do desprendimento moral de um grupo difuso de pessoas, não se mostrando aptas ao desaforamento as meras ilações ou suposições a respeito de possível inflexão tendenciosa do corpo de jurados. Aliás, como adverte Nucci (2018), nem mesmo a notoriedade do acusado ou a cobertura desmedida do caso pela imprensa são fatores que, por si sós, devam dar margem ao desaforamento.

A propósito, existem casos tão emblemáticos, com tamanha repercussão midiática, que eventual desaforamento para outra localidade se mostraria medida totalmente inócua. Nessas situações – em que o deslocamento não representa nenhum efeito prático –, pensamos ser preferível a conservação do julgamento no local de origem, prevalecendo a competência territorial.

3. Perigo à segurança pessoal do acusado. Essa hipótese de desaforamento trata das situações em que há efetivo risco de linchamento ou mesmo de atentado contra a vida do réu.

Não desconhecemos que a segurança pessoal do acusado submetido a julgamento pelo Poder Judiciário é dever do Estado, contudo, também não podemos ignorar a existência de casos em que a comunidade local, extremamente sensibilizada pela brutalidade do crime cometido (como na hipótese de vítima encontrada morta após ter sido espancada e sexualmente violentada), mostra-se inclinada a fazer justiça com as próprias mãos. Nessas circunstâncias, a realização do julgamento naquela comarca, se inviável ou insuficiente o reforço policial, revela-se temerário e desaconselhável, tendo vez o desaforamento.

Local de julgamento

Uma vez acolhido o pedido de desaforamento, a parte final do dispositivo em exame estabelece que o feito será remetido, preferencialmente, a uma comarca da mesma região, até porque a transferência de local também implica, em tese, o deslocamento de testemunhas e do próprio réu.

Entretanto, e não por acaso, a expressão empregada pela lei é "preferindo-se", de modo que nada impede que – em se observando que até mesmo as comarcas vizinhas se encontram impactadas pela causa motivadora do desaforamento – os autos sejam enviados para localidade mais afastada, com distanciamento suficiente do foco ensejador do problema. Nesses casos, em geral, os autos são remetidos à maior comarca da região ou mesmo à capital do estado.

Vale destacar que, sendo a competência da justiça estadual, em face do sistema federativo adotado no país desde o regime republicano, a distribuição da justiça é atribuição de cada unidade da Federação, devendo ser respeitados os limites do Tribunal de Justiça do Estado, não sendo cabível, portanto, a remessa do julgamento para além de seus limites territoriais, mesmo que o motivo determinante abranja toda a extensão estadual (Porto, 2001).

Legitimidade e processamento

De acordo com o *caput* e o parágrafo 1º do art. 427 do CPP, a legitimidade para requerer o desaforamento é ampla, sendo conferida ao Ministério Público, ao réu, ao assistente de acusação e, até mesmo, ao juiz-presidente. Aliás, caso a medida não tenha sido solicitada pelo juiz, o relator da Câmara ou Turma responsável pelo julgamento deve providenciar sua oitiva. Isso porque, "vivendo a realidade da comarca e conhecedor, portanto, da sociedade e de seu cotidiano, ninguém melhor que o juiz para, com imparcialidade e serenidade, opinar sobre a conveniência do julgamento" (Cunha; Pinto, 2020, p. 1.328).

Também devemos destacar o teor da Súmula n. 712 do Supremo Tribunal Federal (STF), a qual enuncia que "é nula a decisão que determina o desaforamento de processo da competência do Júri sem audiência da defesa" (Brasil, 2003). Entendemos, contudo, que essa nulidade é relativa, devendo ser demonstrado o prejuízo, podendo ocorrer, inclusive, que a defesa concorde com a mudança.

No âmbito da justiça estadual, o pedido de alteração de foro será feito diretamente ao Tribunal de Justiça, precisamente à Câmara Criminal que tiver competência para tanto, havendo necessária manifestação da Procuradoria-Geral de Justiça antes da deliberação.

O requerimento não tem efeito suspensivo, não interferindo, ao menos em tese, na data anteriormente pautada para a realização da sessão. Contudo, por motivos relevantes, há a possibilidade de que o relator, fundamentadamente, determine a suspensão liminar do julgamento pelo júri, ordenando sua retirada de pauta.

Como já registrado, somente é possível falar em desaforamento após a preclusão da decisão de pronúncia, de modo que, considerando que a decisão pode vir a ser alterada e o júri não ser sequer realizado, o parágrafo 4º do art. 427 do CPP veda expressamente o pedido em caso de pendência de recurso. Por outro lado, a parte final do dispositivo permite que haja o requerimento após o julgamento, mas somente no específico caso de ter havido sua anulação e desde que o fato ensejador da nulidade tenha ocorrido durante ou após a realização da sessão plenária.

Crimes conexos e demais réus

É fundamental anotarmos que o desaforamento atinge também os crimes conexos (por força do art. 78, inciso I, do CPP), bem como estende seus efeitos aos corréus, dada a regra da unidade do processo e julgamento. Dessa maneira, em regra, todos os fatos delituosos e todos os seus supostos coautores serão julgados conjuntamente no novo foro.

Recursos

Não há previsão, no Código de Processo Penal, de qualquer providência recursal para atacar essa decisão de deslocamento da competência, seja a que acolhe ou a que rejeita. De qualquer sorte, os tribunais, em razão de sua aplicabilidade alargada, têm conhecido da impetração de *habeas corpus* em favor do acusado[12].

Ainda, ressaltamos que é possível fazer novo pedido de desaforamento caso surjam fatos novos, ou seja, causas diversas daquelas já enfrentadas pelo tribunal.

Reaforamento

Sobre o tema, valemo-nos da lição de Frederico Marques (1997, p. 261), no sentido de que "concedido o desaforamento, o foro substituído é inderrogável em relação ao originário, mesmo que desapareçam as causas que motivaram a alteração de competência. Definitivos são os efeitos do desaforamento, pelo que se proscreve o reaforamento [...]"[13]. Complementa Renato Brasileiro de Lima (2017, p. 1.382), esclarecendo que "o reaforamento não é admitido pelos Regimentos Internos dos Tribunais", não havendo como o processo retornar ao juízo original.

De acordo com Porto (2001), o desaforamento tem, portanto, efeitos definitivos em relação ao local inicial, sendo apenas possível, provada a presença de um dos pressupostos da lei também no novo foro, outro desaforamento para localidade diversa, isto é, para uma terceira comarca.

---

2 Nessa linha, decidiu o Superior Tribunal de Justiça (STJ): Agravo Regimental no Habeas Corpus n. 566.925/PB (Brasil, 2020g) e Habeas Corpus n. 348.349/BA (Brasil, 2016a).

3 Em sentido contrário, apesar de ressaltar que a discussão é mais acadêmica do que prática, Aury Lopes Jr. (2013) não vê óbice ao reaforamento. Segundo o autor, "Uma vez desaforado o julgamento, em tese, seria possível um reaforamento, ou seja, um retorno ao foro de origem em decorrência do desaparecimento das circunstâncias que autorizaram o desaforamento, desde que isso ocorra, é óbvio antes da realização do júri" (Lopes Jr., 2013, p. 1.024).

Não realização do julgamento por excesso de serviço

Art. 428. O desaforamento também poderá ser determinado, em razão do comprovado excesso de serviço, ouvidos o juiz presidente e a parte contrária, se o julgamento não puder ser realizado no prazo de 6 (seis) meses, contado do trânsito em julgado da decisão de pronúncia.

§ 1º Para a contagem do prazo referido neste artigo, não se computará o tempo de adiamentos, diligências ou incidentes de interesse da defesa.

§ 2º Não havendo excesso de serviço ou existência de processos aguardando julgamento em quantidade que ultrapasse a possibilidade de apreciação pelo Tribunal do Júri, nas reuniões periódicas previstas para o exercício, o acusado poderá requerer ao Tribunal que determine a imediata realização do julgamento.

Às três hipóteses de cabimento analisadas no artigo anterior, soma-se uma quarta possibilidade de desaforamento, que se destina aos casos em que o julgamento não tenha sido realizado, em razão de excesso de serviço na vara, em seis meses, contados do trânsito em julgado da pronúncia.

A previsão não é tão factível na prática, mas a intenção do legislador foi no sentido de incentivar a celeridade processual, à luz do princípio da duração razoável do processo, de assento constitucional (art. 5º, inciso LXXVIII, do CPP). Anteriormente à reforma processual de 2008, o prazo era um ano, contado do recebimento do libelo.

Também antes da Lei n. 11.689, de 9 de junho de 2008 (Brasil, 2008a), havia impedimento expresso para que essa modalidade de desaforamento fosse requerida pelo juiz-presidente (redação do revogado art. 424, parágrafo único, do CPP). O novo texto legal nada mencionou a esse respeito, mas é de se entender que a vedação permanece, não se devendo premiar aquele juízo que deu causa ao atraso. Além disso, o art. 428, *caput*, do CPP registra a necessidade de oitiva do juiz, o que implica a compreensão de que o requerimento somente poderá ser ventilado pelas partes.

Noutro giro, o parágrafo 1º do dispositivo estabelece que não se computa o tempo de adiamentos ou diligências requeridos pela defesa. Desse modo, busca-se evitar que o instituto seja manipulado para fins de arrastar a realização do julgamento. Nas palavras de Aury Lopes Jr. (2013, p. 1.022), "é claro que o réu não pode dar causa à demora e depois reclamar pela demora [...] ou seja, não pode se beneficiar da sua própria torpeza". É o mesmo raciocínio empregado na Súmula n. 64 do Superior Tribunal de Justiça (STJ), a qual enuncia que "não constitui constrangimento ilegal o excesso de prazo na instrução provocado pela defesa" (Brasil, 1992).

Por fim, o parágrafo 2º preconiza que, caso o processo esteja pronto para julgamento e não haja excesso de serviço, é possível que o réu requeira diretamente ao Tribunal de Justiça a imediata realização do júri.

Tal dispositivo parece mal assentado no Código, pois, como vemos, não trata de deslocamento da competência do júri para outra comarca, mas, simplesmente, possibilita que o acusado seja imediatamente julgado diante de uma demora implausível. Além disso, a previsão ostenta pouquíssima aplicabilidade prática, tendo em vista que é bastante incomum e improvável que o acusado tenha pressa em ser julgado. Como bem apontam Rogério Sanches Cunha e Ronaldo Batista Pinto (2020, p. 162), "caso solto, decerto que preferirá continuar nessa situação. Estando preso, fatalmente, irá se valer de um *habeas corpus* não para provocar a realização do júri, mas para responder em liberdade o processo.

Por fim, não obstante o texto legal apenas mencione o réu, mostra-se plenamente possível, em obediência à duração razoável do processo, que a acusação também pleiteie no tribunal o imediato aprazamento do júri, principalmente nos casos em que a prescrição se avizinha.

Capítulo 6

Da organização da pauta

A pauta é a maneira de se organizar os julgamentos em uma vara judicial. Neste capítulo, abordaremos a organização dessa agenda no âmbito do tribunal do júri, contemplando os componentes da ordem de julgamento.

Ordem de julgamento

> Art. 429. Salvo motivo relevante que autorize alteração na ordem dos julgamentos, terão preferência:
> I – os acusados presos;
> II – dentre os acusados presos, aqueles que estiverem há mais tempo na prisão;
> III – em igualdade de condições, os precedentemente pronunciados.
> § 1º Antes do dia designado para o primeiro julgamento da reunião periódica, será afixada na porta do edifício do Tribunal do Júri a lista dos processos a serem julgados, obedecida a ordem prevista no caput deste artigo.
> § 2º O juiz presidente reservará datas na mesma reunião periódica para a inclusão de processo que tiver o julgamento adiado.

Após regulamentar o desaforamento, o Código de Processo Penal (CPP) fixa orientações acerca da organização da pauta, estabelecendo uma ordem preferencial de realização dos julgamentos.

Em seus termos, há prevalência para os julgamentos de réus presos; entre os presos, têm prioridade aqueles que estiverem há mais tempo custodiados; e, caso permaneçam em igualdade de condições, a preferência é dada àqueles que foram anteriormente pronunciados.

Sem embargo, conforme preconiza o *caput* do art. 429 do CPP, a ordem estabelecida pode vir a ser alterada em caso de motivo relevante. Ilustramos com a necessidade do julgamento de réu, mesmo que solto, cujo processo esteja em vias de prescrever. Como diz Nucci (2018, p. 992-993), o magistrado

> não pode evitar marcar julgamentos de acusados soltos, sob pena de se levar muitos casos à prescrição e, além disso, gerar impunidade somente por conta da liberdade auferida. [...] É motivo relevante que não ocorra prescrição e que réus soltos, contra os quais pesa imputação tão grave quanto a que é dirigida aos presos, sejam julgados com igual celeridade.

A análise, portanto, deve ser casuística e pautada na razoabilidade do juiz, servindo a sequência legal como parâmetro a ser seguido.

Ainda, na intenção de dar publicidade às sessões plenárias, prevê o legislador que a pauta de julgamentos seja afixada na porta do edifício do Tribunal do Júri. Já o contido no parágrafo 2º do dispositivo instrui o magistrado no sentido de reservar datas para a inclusão em pauta de processos que tenham sido adiados anteriormente, com vistas a evitar demasiada demora com a inclusão apenas no fim da relação de julgamentos.

Assistente de acusação em plenário

> Art. 430. O assistente somente será admitido se tiver requerido sua habilitação até 5 (cinco) dias antes da data da sessão na qual pretenda atuar.

Segundo o art. 430 do CPP, somente é admitida a figura do assistente de acusação quando o requerimento de habilitação tiver ocorrido pelo menos cinco dias antes da sessão de julgamento. De acordo com Lima (2016, p. 117), trata-se de exceção à regra geral de que o assistente de acusação pode habilitar-se em todos os termos da ação pública enquanto não houver o trânsito em julgado da sentença (arts. 68 e 269 do CPP).

Por certo, o dispositivo, de cunho eminentemente procedimental, refere-se ao assistente que ainda não esteja habilitado, pois, nos casos em que esse sujeito processual – que pode ser o ofendido, seu representante legal, ou mesmo seu cônjuge, companheiro, ascendente, descendente ou irmão – já esteja atuando no processo, será possível sua atuação em plenário.

Ao definir um prazo mínimo, busca-se que não haja surpresa não só à defesa do acusado com a presença de mais um arguidor, mas também ao membro do Ministério Público que atuará na sessão de julgamento, uma vez que a falta de alinhamento da tese acusatória antes do plenário pode colocar em risco as pretensões do acusador oficial. Além disso, nos termos dos arts. 268, 269 e 272 do CPP, é preciso que haja tempo hábil para que sejam avaliados, pelo Ministério Público e pelo juízo, os requisitos de ordem formal exigidos para a admissão do pretenso assistente.

> Art. 431. Estando o processo em ordem, o juiz presidente mandará intimar as partes, o ofendido, se for possível, as testemunhas e os peritos, quando houver requerimento para a sessão de instrução e julgamento, observando, no que couber, o disposto no art. 420 deste Código.

Na sequência, observa-se outra norma vocacionada a orientar o magistrado acerca das decisões e providências administrativas que devem ser adotadas para a realização do julgamento, notadamente as intimações das partes, do ofendido (caso de vítima sobrevivente), das testemunhas e dos peritos.

Ainda, a leitura é remetida ao art. 420 do CPP, o que permite concluir que o acusado, o defensor público ou dativo e o promotor de justiça serão intimados pessoalmente, ao tempo em que o advogado constituído e o assistente de acusação serão intimados mediante publicação. Caso o réu não seja encontrado, a fim de se extirpar futura arguição de nulidade, deve ser providenciada sua intimação por edital para que compareça ao julgamento.

Já no que se refere às testemunhas, é válido lembrar que, caso requerido, as residentes fora da comarca devem ser intimadas via carta precatória, mas não há obrigação de comparecimento à sessão plenária, não sendo possível compeli-las a tanto. Por essa razão, é conveniente a anotação de Nucci (2019, p. 991-992) quando assevera que: "Deve ser consignado no texto da precatória não estar a testemunha obrigada a comparecer, para que não haja um constrangimento desautorizado em lei".

Capítulo 7

Do sorteio e da convocação dos jurados

Uma vez organizada a pauta e tomadas as precauções para a realização do júri, passa-se ao sorteio dos juízes leigos que atuarão na reunião periódica.

Art. 432. Em seguida à organização da pauta, o juiz presidente determinará a intimação do Ministério Público, da Ordem dos Advogados do Brasil e da Defensoria Pública para acompanharem, em dia e hora designados, o sorteio dos jurados que atuarão na reunião periódica.

Para o sorteio dos jurados, com o escopo de lhe conferir maior publicidade e controle, devem ser intimados o membro do Ministério Público, assim como os representantes da Ordem dos Advogados do Brasil e da Defensoria Pública.

De todo modo, como se vê, não há a previsão de intimação de todos os advogados que atuarão naquela reunião periódica, não acarretando, portanto, nenhuma nulidade a falta de comunicação individual para o seu comparecimento[1]. Não obstante, também é certo afirmar que não existe impedimento para que, querendo, o causídico presencie o sorteio e firme a respectiva ata.

---

1   Nessa linha, já decidiu diversas vezes o Superior Tribunal de Justiça (STJ), como no Agravo Regimental no Agravo em Recurso Especial n. 1.260.812/MG (Brasil, 2018d) e no Habeas Corpus n. 241.971/MG (Brasil, 2014a).

Art. 433. O sorteio, presidido pelo juiz, far-se-á a portas abertas, cabendo-lhe retirar as cédulas até completar o número de 25 (vinte e cinco) jurados, para a reunião periódica ou extraordinária.

§ 1º O sorteio será realizado entre o 15º (décimo quinto) e o 10º (décimo) dia útil antecedente à instalação da reunião.

§ 2º A audiência de sorteio não será adiada pelo não comparecimento das partes.

§ 3º O jurado não sorteado poderá ter o seu nome novamente incluído para as reuniões futuras.

As balizas legais para o sorteio são objetivas, indicando que o sorteio será conduzido pelo juiz-presidente, que deve retirar 25 cédulas para formar o grupo de jurados a serem convocados para a reunião periódica do Júri.

Antes da reforma de 2008, a previsão legal, para que se aplacassem os riscos de fraude, era no sentido de que o sorteio fosse realizado por um menor de idade (antiga redação do art. 428). Por ser um modelo arcaico e ineficaz, não houve repetição do dispositivo no novo texto.

O sorteio, realizado de portas abertas, deve acontecer entre o 15º e o 10º dia útil antecedente à instalação da reunião, e não será adiado pelo não comparecimento das partes.

Como já mencionado, o termo "partes" deve ser lido à luz do artigo anterior, pois a cientificação necessária é apenas ao Ministério Público, à OAB e à Defensoria Pública, na condição de instituições de fiscalização da regularidade do ato, e não a cada um dos réus ou a seus advogados constituídos em cada processo pautado.

Ao final, o jurado que não for sorteado pode entrar nos sorteios das próximas reuniões, sem que isso implique afronta ao art. 426, parágrafo 4º, do CPP.

> Art. 434. Os jurados sorteados serão convocados pelo correio ou por qualquer outro meio hábil para comparecer no dia e hora designados para a reunião, sob as penas da lei.
>
> Parágrafo único. No mesmo expediente de convocação serão transcritos os arts. 436 a 446 deste Código.

Como percebemos da redação do art. 434 do CPP, a legislação não desconsiderou a atual diversidade dos meios de comunicação disponíveis, disciplinando de modo flexível a convocação dos jurados, a qual pode ocorrer pelos correios ou por qualquer outro meio eficaz (como por telefone ou e-mail, por exemplo).

> Art. 435. Serão afixados na porta do edifício do Tribunal do Júri a relação dos jurados convocados, os nomes do acusado e dos procuradores das partes, além do dia, hora e local das sessões de instrução e julgamento.

Finalmente, uma vez mais indo ao encontro do princípio da publicidade, a lei determina que a relação dos jurados convocados e a pauta de julgamentos – na qual constarão todas as informações pertinentes, como dia, hora e local das sessões, bem como o nome dos acusados e de seus procuradores – sejam afixadas na porta do edifício do Tribunal do Júri.

Capítulo 8

Da função do jurado

A Seção XVIII do Código de Processo Penal (CPP) dedica-se à figura do jurado, disciplinando quem pode funcionar, em nome da sociedade, como julgador no Conselho de Sentença.

Neste capítulo, abordaremos os arts. 436 a 446, tratando, especificamente, da função dos jurados, das características do alistamento, das isenções e recusas ao serviço, das prestações alternativas, das vantagens e direitos, além da multa imposta aos convocados faltosos.

> Art. 436. O serviço do júri é obrigatório. O alistamento compreenderá os cidadãos maiores de 18 (dezoito) anos de notória idoneidade.
>
> § 1º Nenhum cidadão poderá ser excluído dos trabalhos do júri ou deixar de ser alistado em razão de cor ou etnia, raça, credo, sexo, profissão, classe social ou econômica, origem ou grau de instrução.
>
> § 2º A recusa injustificada ao serviço do júri acarretará multa no valor de 1 (um) a 10 (dez) salários-mínimos, a critério do juiz, de acordo com a condição econômica do jurado.

No *caput* do dispositivo inaugural, além da indicação expressa de que o serviço do júri é obrigatório, são apresentados três requisitos essenciais para o exercício da função de jurado: ser cidadão, ter mais de 18 anos e gozar de notória idoneidade.

É considerado cidadão o brasileiro, nato ou naturalizado[1], que se encontra em pleno gozo de seus direitos políticos. Assim, objetivamente, são impedidos de exercer a função de jurado o menor de 18 anos, o estrangeiro e o indivíduo que, por alguma das razões constantes no art. 15 da Constituição Federal (como a condenação por improbidade administrativa ou penal transitada em julgado), tenha tido seus direitos políticos perdidos ou suspensos.

Com relação ao requisito etário, algumas foram as novidades trazidas pela Lei n. 11.689, de 9 de junho de 2008 (Brasil, 2008a). Na sistemática revogada (antiga redação do art. 434), a idade mínima era de 21 anos e os indivíduos estavam isentos do serviço do júri a partir dos 60 anos. No modelo atual, como visto, a idade mínima passa a ser de 18 anos, estando isentos da obrigatoriedade apenas aqueles com idade superior a 70 anos de idade, de acordo com o inciso IX do art. 437 do CPP, como veremos à frente.

A mudança no patamar de idade máxima não foi aceita à unanimidade pela doutrina. De qualquer modo, para nós, parece certo que o aumento do marco etário representou um avanço da legislação, pois é importante que as pessoas com mais de 60 anos permaneçam contribuindo com os interesses de sua

---

1   Ao tratar dos cargos privativos de brasileiro nato, o art. 12, parágrafo 3º, da Constituição Federal não dispõe acerca da função de jurado, não havendo, portanto, qualquer impedimento ao cidadão naturalizado.

comunidade, emprestando sua experiência de vida para serviços de notória relevância, como é o de julgar o semelhante[12].

A redução da idade mínima foi alvo de ainda mais ressalvas por parte de autores especializados, notoriamente, porque se arriscaria, com tal providência, "a constituição de Conselhos de Sentença demasiadamente jovens, sem maior vivência nos problemas da vida e do mundo, pessoas que, conquanto estudem, trabalhem e sejam honestas, ainda não adquiriram uma gama mínima de tirocínio que uma tal sorte de serviço exige"[13] (Bonfim, 2019, p. 729).

De todo modo, registrada a crítica, pensamos que a alteração foi benéfica e coerente com o sistema normativo porque, além de imputável penalmente, o maior de 18 anos, nos termos do Código Civil de 2002 – Lei n. 10.406, de 10 de janeiro de 2002 –, tem plena capacidade para gerir sua vida, sendo apto, por meio do voto, a escolher seus representantes dos Poderes Executivo e Legislativo, não havendo razão para ser-lhe tolhida função junto ao Poder Judiciário (Brasil, 2002).

Ainda sobre os pressupostos necessários para ser jurado, Rogério Sanches e Ronaldo Batista Pinto (2020, p. 1.343) recomendam que, a despeito do silêncio normativo, o cidadão convocado

---

2   A despeito do alinhavado, Nucci (2018) entende incompreensível a elevação da idade para 70 anos. Segundo o autor, "A pessoa é considerada idosa partir dos 60 anos, conforme dispõe a Lei n. 10.741/2003, motivo pelo qual deveria ter sido mantida essa idade-limite" (Nucci, 2018, p. 998).

3   No mesmo sentido afirma Nucci (2018, p. 997), para quem o legislador "Olvidou-se, no entanto que o julgamento, sem fundamentação e por meio de voto secreto, é uma responsabilidade ímpar, demandando preparo e razoável experiência de vida".

resida na comarca do julgamento, já que "o Júri se caracteriza pelo julgamento do réu por seus pares, diretamente atingidos por sua ação delituosa, de modo que não faz sentido que morador de fora componha o conselho de sentença".

Também é indispensável que a pessoa seja alfabetizada para exercer a função de jurado, mesmo não havendo menção expressa na lei. Essa exigência decorre da simples constatação de que, apesar da marcante oralidade, há vários escritos que são levados ao conhecimento dos jurados durante o julgamento, desde o relatório do caso (art. 472, parágrafo único, do CPP) até o questionário de votação (art. 486 do CPP). Além disso, imprescindível registrar que a condição não contraria o enunciado pelo art. 436, parágrafo 1º, do CPP, que prevê que nenhum cidadão pode ser excluído dos trabalhos do júri em razão de seu "grau de instrução". No ponto, é precisa a lição de Renato Brasileiro de Lima (2016, p. 1.195): "Na verdade, quando o dispositivo faz menção ao grau de instrução do jurado, refere-se à irrelevância de o jurado ter o ensino fundamental, médio ou superior completo. Para ele ser jurado, basta que seja alfabetizado [...]".

O dispositivo legal, ao final, ainda exige um requisito subjetivo, que é a "notória idoneidade". Apesar da imprecisão conceitual, não há dúvida de que a intenção da norma é a de captar para o julgamento os cidadãos mais notáveis da região, indivíduos que – com distinto reconhecimento social e reconhecidas compostura e retidão – a lei considera aptos e preparados a decidir o futuro de um semelhante. Nas certeiras palavras de Edílson

Mougenot Bonfim (2018, p. 188), "democratizar não encontra sinonímia em desqualificar", devendo o jurado ser idôneo moral e intelectualmente. Nessa mesma linha, Heráclito Antonio Mossin (1999, p. 359) assevera que a idoneidade em questão tem sentido amplo, envolvendo caracteres de ordem moral, profissional intelectual e familiar, arrematando que "não se exige que o indivíduo, para ser jurado, seja virtuoso, mas pelo menos que ostente conduta moral escorreita".

Seja como for, não obstante o alinhavado, a meritória previsão legal, nos dias atuais, em especial nos grandes centros, acaba assumindo os contornos de uma rápida conferência de antecedentes criminais.

Como não poderia deixar de ser, o parágrafo 1º do art. 436 do CPP evidencia, de maneira expressa, serem vedadas discriminações de qualquer ordem ou tipo, consolidando o direito fundamental à isonomia, previsto no art. 5º, *caput*, da Constituição Federal. O legislador, ante a importância do viés democrático da instituição do júri, de forma pedagógica, preferiu pecar pelo excesso e repisou ser intolerável qualquer preconceito na admissão dos jurados

Por último, o parágrafo 2º concretiza a obrigatoriedade do serviço do júri. Com efeito, fica estabelecido que a recusa injustificada terá como consequência a cominação de multa, que pode variar de um a dez salários-mínimos, de acordo com as condições econômicas do jurado. A cobrança da pecúnia fica a cargo da Fazenda Pública, de modo que o juiz-presidente remeterá os autos ao juízo competente (Campos, 2018).

É possível, conforme se verá adiante, que, mediante justificativa, o jurado convocado pleiteie sua dispensa ao juiz, mas caso opte simplesmente por ignorar o chamamento, a ele será imposta a penalidade monetária.

Finalizando, é imperioso registrar que a recusa injustificada do cidadão em atuar como jurado não configura o crime de desobediência previsto no art. 330 do Código Penal. Isso porque, para tal situação – diferentemente do que ocorre em outras situações, como no caso da testemunha que não comparece para depor, conforme art. 458 –, o CPP ressalvou expressamente apenas a sanção administrativa, mas não a responsabilização penal.

Pessoas isentas do serviço de júri

Art. 437. Estão isentos do serviço do júri:

I – o Presidente da República e os Ministros de Estado;

II – os Governadores e seus respectivos Secretários;

III – os membros do Congresso Nacional, das Assembleias Legislativas e das Câmaras Distrital e Municipais;

IV – os Prefeitos Municipais;

V – os Magistrados e membros do Ministério Público e da Defensoria Pública;

VI – os servidores do Poder Judiciário, do Ministério Público e da Defensoria Pública;

> VII – as autoridades e os servidores da polícia e da segurança pública;
> VIII – os militares em serviço ativo;
> IX – os cidadãos maiores de 70 (setenta) anos que requeiram sua dispensa;
> X – aqueles que o requererem, demonstrando justo impedimento.

Ao tempo em que o art. 436 do CPP cuida da obrigatoriedade do serviço do júri, estabelecendo os indivíduos passíveis de servir como jurados, o art. 437 do CPP apresenta uma relação de pessoas que estão isentas desse serviço compulsório.

Os incisos I e VIII desoneram do júri os ocupantes de determinados cargos no serviço público. São eles: presidente da República e ministros de Estado; governadores e seus secretários; membros do Congresso Nacional, das Assembleias Legislativas e das Câmaras Distrital e Municipais; prefeitos municipais; magistrados, membros do Ministério Público e da Defensoria Pública; servidores do Poder Judiciário, do Ministério Público e da Defensoria Pública; autoridades e servidores da polícia e da segurança pública; e militares em serviço ativo. A razão de ser do dispositivo se assenta no fato de que, não obstante a importante função de jurado, a convocação poderia ensejar desfalque e prejuízo em outros serviços públicos relevantes.

Continuando, a Lei n. 11.689/2008 procedeu à atualização do rol de isentos, revogando-se disposições obsoletas e ilógicas do antigo art. 436, que eximiam do serviço do júri médicos, ministros de confissão religiosa, farmacêuticos e parteiras (Brasil, 2008a). Ainda, fruto da evolução do direito e da sociedade, caminhou-se em direção ao princípio da igualdade, pondo fim ao regramento que isentava as mulheres que não exercessem função pública.

Pedido de isenção fundado na idade

Como já mencionamos, o inciso IX do art. 437 do CPP traz a possibilidade de dispensar a participação, mediante requerimento, daqueles com idade acima de 70 anos. A elogiável previsão não exclui o cidadão com essa idade mais avançada, mas lhe possibilita a escolha de participar ou não dos julgamentos.

Pedido de isenção fundado em justo impedimento

Por fim, o inciso X preconiza propícia fórmula aberta, assentindo que eventuais pedidos de isenção, amparados em justo impedimento, sejam analisados concretamente pelo juiz. Destarte, a mulher lactante, a pessoa em tratamento de doença grave, o sujeito que tem uma viagem previamente agendada são alguns exemplos de indivíduos que, possivelmente, serão liberados pelo magistrado.

Pedidos de liberação são comuns na prática forense, contudo o impedimento apresentado pelo jurado precisa ser, de fato, relevante em tese; não havendo razão para serem deferidos, sob pena de inviabilizar a realização do júri, requerimentos indiscriminados, fundados em necessidades gerais ou coletivas, como levar o filho para a escola, ter de trabalhar ou mesmo a mera falta de tempo ou interesse.

Recusa fundada em convicções íntimas

> Art. 438. A recusa ao serviço do júri fundada em convicção religiosa, filosófica ou política importará no dever de prestar serviço alternativo, sob pena de suspensão dos direitos políticos, enquanto não prestar o serviço imposto.
> § 1º Entende-se por serviço alternativo o exercício de atividades de caráter administrativo, assistencial, filantrópico ou mesmo produtivo, no Poder Judiciário, na Defensoria Pública, no Ministério Público ou em entidade conveniada para esses fins.
> § 2º O juiz fixará o serviço alternativo atendendo aos princípios da proporcionalidade e razoabilidade.

Seguindo, o Código de Processo Penal trata da exclusão do serviço do júri decorrente da recusa fundada em convicção religiosa, filosófica ou política. Trata-se da recusa por escusa de consciência, sendo o caso, por exemplo, da pessoa que, em razão de sua religião, crê que não lhe cabe julgar o próximo, ou daquele que, com base em sua convicção pelo anarquismo, não deseja contribuir com funções ou serviços do Estado.

O legislador processual penal obedeceu, assim, ao comando constitucional previsto no art. 5º, inciso VIII, da Constituição Federal, que estabelece que "ninguém será privado de direitos por motivo de crença religiosa ou de convicção filosófica ou política, salvo se as invocar para eximir-se de obrigação legal a todas imposta e recusar-se a cumprir prestação alternativa, fixada em lei" (Brasil, 1988).

De qualquer modo, tal recusa fulcrada na objeção de consciência terá como consequência o dever de prestar serviços alternativos, sob pena de suspensão de seus direitos políticos, nos termos do art. 15, inciso IV, também da Constituição Federal.

Serviços alternativos

De acordo com o que pormenoriza o parágrafo 1º do art. 438, o serviço alternativo é aquele de caráter administrativo, assistencial, filantrópico e até mesmo produtivo, a ser desempenhado no Poder Judiciário, na Defensoria Pública, no Ministério Público ou em entidade conveniada para tais fins.

A definição das condições em que ocorrerá a execução das atividades impostas fica a cargo do magistrado, o qual deve pautar-se em critérios de proporcionalidade e razoabilidade. Sobre esse ponto, relevante parcela da doutrina tece merecida crítica ao legislador por não ter estabelecido qual o tempo de prestação do serviço alternativo. Como bem aponta Aury Lopes Jr. (2013, p. 1.026), não pode ser transformada numa punição implacável", sendo imperioso que não haja abuso judicial. De acordo com Nucci, o jurado que se recusar sob esse fundamento de consciência "deve ficar em serviço alternativo por um dia, normalmente o tempo dedicado à sessão de julgamento.

> Art. 439. O exercício efetivo da função de jurado constituirá serviço público relevante e estabelecerá presunção de idoneidade moral.

A função de jurado é de tamanha relevância que, diante da carga de obrigações e responsabilidades, a lei enuncia disposições benéficas àqueles que efetivamente a desempenharem. Importante registrar que, ante a redação da previsão legal, é preciso que haja verdadeira participação na sessão de julgamento, fazendo o jurado parte do Conselho de Sentença. Assim, não há aplicação aos jurados não sorteados ou sorteados e recusados pelas partes.

No que se refere a essa presunção de idoneidade, além de já ser prevista como verdadeiro pressuposto para exercer a função de jurado (como já visto no art. 436), não tem relevância prática, valendo mais para que o jurado se sinta valorizado.

De qualquer maneira, não que faça muita diferença, mas não custa registrar que o dispositivo não traz nenhum marco temporal para a validade da presunção, permanecendo hígida por tempo indeterminado, e não apenas durante o período das reuniões do júri.

> Art. 440. Constitui também direito do jurado, na condição do art. 439 deste Código, preferência, em igualdade de condições, nas licitações públicas e no provimento, mediante concurso, de cargo ou função pública, bem como nos casos de promoção funcional ou remoção voluntária.

A regra trazida pelo art. 440 do CPP é a mais próxima de uma vantagem concreta concedida ao jurado, mesmo tendo aplicação limitada a certo grupo de pessoas. Havendo igualdade de condições, estabelece predileção, a quem atou como jurado, nos certames licitatórios e nos concursos públicos, bem como em casos de promoção funcional ou remoção voluntária.

De qualquer forma, válido registrar que o prévio serviço de júri serve apenas como critério de desempate em casos de absoluta identidade de condições e exigências, sob pena de se consubstanciar em vantagem indevida.

> Art. 441. Nenhum desconto será feito nos vencimentos ou salário do jurado sorteado que comparecer à sessão do júri.

A mera interpretação fundada no bom senso revela que a norma insculpida no art. 441 do CPP é absolutamente correta, mostrando-se plenamente justo que o cidadão convocado para servir no júri não tenha descontos em seus vencimentos ou salário por esse motivo. Na verdade, não seria minimamente razoável o Estado exigir a presença do cidadão e ainda permitir que fosse prejudicado financeiramente.

Desse modo, andou bem o legislador ao resguardar o jurado, especialmente, aquele que trabalha na iniciativa privada, para que não se visse obrigado a contar com a complacência de suas chefias diante das necessárias ausências.

Caso se verifiquem atitudes indevidas por parte do empregador, a situação deve ser, imediatamente, comunicada ao juiz-presidente, a fim de que adotem as providências pertinentes, que podem consistir desde uma advertência ao empregador até a comunicação do caso ao Ministério Público do Trabalho.

> Art. 442. Ao jurado que, sem causa legítima, deixar de comparecer no dia marcado para a sessão ou retirar-se antes de ser dispensado pelo presidente será aplicada multa de 1 (um) a 10 (dez) salários-mínimos, a critério do juiz, de acordo com a sua condição econômica.

Para além do caso da recusa injustificada ao serviço do júri, prevista no art. 436, parágrafo 2º, do CPP, a lei ainda disciplina a aplicação de multa de um a dez salários-mínimos, para o jurado que, de forma injustificada, deixar de comparecer no dia marcado para a sessão ou retirar-se do julgamento sem que tenha sido devidamente dispensado pelo juiz-presidente.

Apesar de equiparadas as condutas pelo legislador, o abandono da função revela-se muito mais nocivo aos trabalhos, tendo em vista que impedirá a continuidade da sessão, pondo abaixo todo o então realizado. Por essa razão, parece-nos que – sempre com base na condição econômica –, o responsável por essa celeuma seja merecedor de penalidade mais elevada do que aquele que simplesmente não compareceu, considerando que, para este, o comparecimento dos demais jurados, ao menos em regra, vai suprir-lhe a ausência sem maiores problemas.

> Art. 443. Somente será aceita escusa fundada em motivo relevante devidamente comprovado e apresentada, ressalvadas as hipóteses de força maior, até o momento da chamada dos jurados.

O art. 443 do CPP reforça a previsão de que é possível que a escusa ao serviço do júri, desde que fundada em motivo relevante. Adicionalmente, estabelece a chamada dos jurados como marco temporal final para apresentação do pedido de dispensa.

Ainda, é feita a razoável ressalva de que tal exigência é aplicável apenas aos casos que não envolvem motivos de força maior. Com efeito, no exemplo do jurado que não comparece à sessão porque sofreu um acidente de carro no caminho até o edifício do Tribunal do Júri, é possível, em vista desse evento imprevisto, a apresentação da justificativa em momento posterior (Lima, 2016).

> **Art. 444.** O jurado somente será dispensado por decisão motivada do juiz presidente, consignada na ata dos trabalhos.

Considerando que a dispensa dos jurados é excepcional e sempre fundada em razões específicas, a pertinência das justificativas serão analisadas pelo juiz-presidente em decisão fundamentada, a qual será consignada na ata da reunião.

> **Art. 445.** O jurado, no exercício da função ou a pretexto de exercê-la, será responsável criminalmente nos termos em que o são os juízes togados.

O art. 445 do CPP estabelece que, quando no exercício da função ou a pretexto de exercê-la, o jurado pode ser responsabilizado criminalmente da mesma maneira que são os juízes togados.

Isso acontece porque – a despeito de exercer a função de julgador de modo transitório e não remunerado – o jurado acaba se enquadrando no conceito amplo de funcionário público insculpido no art. 327 do Código Penal, sujeitando-se às penalidades dos crimes contra Administração Pública (arts. 312 a 326 do Código Penal).

Assim, se, no exercício da função, o jurado, aproveitando-se dessa condição, subtrai em seu proveito um computador do fórum, incorrerá no crime de peculato-furto (art. 312, parágrafo 1º, do Código Penal). A previsão, referindo-se à função de jurado, também abrange o "a pretexto de exercê-la", incorrendo nas sanções do crime de corrupção passiva (art. 317 do Código Penal), por exemplo, caso solicite vantagem econômica para votar de determinada maneira.

> Art. 446. Aos suplentes, quando convocados, serão aplicáveis os dispositivos referentes às dispensas, faltas e escusas e à equiparação de responsabilidade penal prevista no art. 445 deste Código.

Finalizando o capítulo dedicado integralmente à função de jurado, o art. 446 do CPP traz uma cláusula de equiparação entre jurados e suplentes convocados, definindo que todos se submetem a uma mesma regulamentação no que tange a dispensas, ausências, objeções e, até mesmo, responsabilização penal.

Capítulo 9

Da composição do Tribunal do Júri e da formação do Conselho de Sentença

Neste capítulo, daremos prosseguimento à composição do Tribunal do Júri, rumo à definitiva formação do Conselho de Sentença.

Composição do Tribunal do Júri

Iniciando a Seção IX do Código de Processo Penal (CPP), o art. 447 define qual é a composição do Tribunal do Júri e a do Conselho de Sentença.

> Art. 447. O tribunal do júri é composto por 1 (um) juiz togado, seu presidente e por 25 (vinte e cinco) jurados que serão sorteados dentre os alistados, 7 (sete) dos quais constituirão o Conselho de Sentença em cada sessão de julgamento.

O dispositivo legal estabelece que, além do juiz togado, o Tribunal do Júri é formado por 25 jurados, totalizando, assim, 26 pessoas. Consubstancia-se, desse modo, em um órgão colegiado heterogêneo. Já o Conselho de Sentença, a quem efetivamente caberá o julgamento do caso, é composto por sete jurados, sorteados dentre aqueles 25. Portanto, é possível concluir que: (a) o Conselho de Sentença está contido no Tribunal do Júri; (b) o juiz-presidente faz parte do Tribunal do Júri, mas não do Conselho de Sentença.

Aos jurados cabe a decisão soberana de condenar ou absolver o réu. Por sua vez, o juiz togado é o responsável por presidir a condução e a organização dos trabalhos e, de acordo com a deliberação dos jurados, por proferir a sentença, fixando a pena em caso de condenação.

Por fim, como é possível inferir da redação normativa, não obstante oficiem junto a ele, o Ministério Público e os advogados – sejam defensores, sejam representantes do assistente de acusação – não compõem o Tribunal Popular.

Art. 448. São impedidos de servir no mesmo Conselho:
 I – marido e mulher;
 II – ascendente e descendente;
 III – sogro e genro ou nora;
 IV – irmãos e cunhados, durante o cunhadio;
 V – tio e sobrinho;
 VI – padrasto, madrasta ou enteado.

§ 1º O mesmo impedimento ocorrerá em relação às pessoas que mantenham união estável reconhecida como entidade familiar.

§ 2º Aplicar-se-á aos jurados o disposto sobre os impedimentos, a suspeição e as incompatibilidades dos juízes togados.

O art. 448 do CPP evidencia a preocupação legal com a imparcialidade dos jurados enquanto predicado ínsito a qualquer julgador isento, seja ele profissional, seja leigo.

O jurado, assim como o juiz, não deve apenas ser imparcial; ele deve também parecer imparcial (teoria da aparência geral de imparcialidade), sendo necessário que tanto as partes quanto toda a sociedade acreditem que o julgamento ocorreu perante um juízo descomprometido com qualquer dos lados.

Nessa direção, o dispositivo em estudo, nos moldes do previsto no art. 253 do CPP[1], destaca a impossibilidade de duas ou mais pessoas que guardam relação de parentesco funcionarem como julgadores no mesmo Conselho de Sentença. O rol de vedações dos incisos I a VI – de cunho objetivo, taxativo e absoluto – tem o condão de impedir que, em razão de afinidade ou, até mesmo, por algum tipo de temor reverencial, a presença de pessoas que componham o mesmo núcleo familiar macule a isenção do julgamento.

Além das diversas relações previstas no *caput*, tendo como norte a disciplina constitucional do art. 226, parágrafo 3º, da Constituição Federal, o parágrafo 1º do art. 448 do CPP encerrou as discussões doutrinárias que pairavam sobre a matéria, passando a preconizar que o impedimento se estende também às pessoas mantenedoras de união estável.

No parágrafo 2º, resta definido que são aplicáveis aos jurados as mesmas disposições relativas a impedimentos, suspeição e incompatibilidades previstas aos juízes togados, as quais são expressamente trazidas pelos arts. 252 a 254 do CPP.

---

1   "Art. 253. Nos juízos coletivos, não poderão servir no mesmo processo os juízes que forem entre si parentes, consanguíneos ou afins, em linha reta ou colateral até o terceiro grau, inclusive." (Brasil, 1941a)

O art. 252 do CPP dispõe sobre situações de impedimento, quais sejam: circunstâncias objetivas e internas ao processo que proíbem o juiz de exercer jurisdição nos feitos em que tiver participado seu cônjuge ou parente, consanguíneo ou afim, em linha reta ou colateral até o terceiro grau, inclusive, como defensor ou advogado, órgão do Ministério Público, autoridade policial, auxiliar da justiça ou perito; nos casos em que o próprio juiz houver desempenhado qualquer dessas funções ou servido como testemunha; quando tiver funcionado como juiz de outra instância, pronunciando-se, de fato ou de direito, sobre a questão; ele próprio ou seu cônjuge ou parente, consanguíneo ou afim em linha reta ou colateral até o terceiro grau, inclusive, for parte ou diretamente interessado no resultado.

As causas de suspeição, disciplinadas no art. 254 do CPP, também são aplicáveis aos jurados. Elas decorrem de circunstâncias extra-autos, de viés subjetivo, que podem vir a turbar a imparcialidade do julgador. Como anota Renato Brasileiro de Lima (2016, p. 711), "*grosso modo*, o juiz é suspeito quando se interessa por qualquer das partes".

Assim, do mesmo modo que o juiz, o jurado que for amigo íntimo ou inimigo capital de qualquer das partes é suspeito – e, portanto, não pode atuar: se ele, seu cônjuge, ascendente ou descendente, estiver respondendo a processo por fato análogo, sobre cujo caráter criminoso haja controvérsia; se ele, seu cônjuge, ou parente, consanguíneo, ou afim, até o terceiro grau, inclusive, sustentar demanda ou responder a processo que tenha de ser julgado por qualquer das partes; se tiver aconselhado qualquer das partes; se for credor ou devedor, tutor ou curador, de qualquer das partes; se for sócio, acionista ou administrador de sociedade interessada no processo.

Antes do sorteio dos membros do Conselho de Sentença, o juiz-presidente advertirá acerca dos casos de impedimentos, suspeições e incompatibilidades, conforme comanda o art. 466, do CPP. Assim, em todos os casos ora alinhavados, caso seja sorteado, o próprio jurado deve declinar, dando conta ao magistrado da razão pela qual não pode participar do julgamento. Não o fazendo, qualquer das partes – que, como visto, têm prévio acesso à lista geral dos jurados – pode recusá-lo de forma motivada, não contabilizando essa dispensa, se acolhida pelo juiz[12], para fins do limite de recusas peremptórias estabelecido no art. 468 do CPP. Exemplificando, caso a esposa já tenha sido sorteada, ao sortear-se o marido, este deve mencionar a causa impeditiva e será dispensado; assim não procedendo, caberá à parte alertar imediatamente o magistrado, que determinará a exclusão.

Por fim, com a previsão do art. 483 do CPP, o qual preconiza que a votação na sala secreta se dá por maioria (leia-se, ultrapassando três votos, ela é interrompida), sendo vedada a revelação do número de votos num ou noutro sentido, a presença

---

2   O pedido de exclusão do jurado e a deliberação do juiz a esse respeito devem constar da ata da sessão, tendo em vista que a questão pode ser utilizada pela parte para fins de reconhecimento de nulidade junto ao Tribunal de Justiça, em sede de eventual apelação.

de jurado impedido ou suspeito no Conselho de Sentença ocasiona a nulidade absoluta do julgamento. Em outras palavras, não se divulgando o placar total, de modo a resguardar o sigilo das votações, a presença de pai e filho, por exemplo no Conselho, avilta de forma insuperável o veredito, uma vez que é impossível verificar se o voto de um deles foi ou não determinante para o resultado.

Art. 449. Não poderá servir o jurado que:
I – tiver funcionado em julgamento anterior do mesmo processo, independentemente da causa determinante do julgamento posterior;
II – no caso do concurso de pessoas, houver integrado o Conselho de Sentença que julgou o outro acusado;
III – tiver manifestado prévia disposição para condenar ou absolver o acusado.

O art. 449 do CPP traz outras três hipóteses de impedimentos afetas ao júri, não admitindo que sirva como jurado o cidadão que tiver participado de julgamento anterior do mesmo processo; que houver integrado o Conselho de Sentença que julgou corréu, em caso de concurso de pessoas; ou que tiver manifestado prévia disposição para condenar ou absolver o acusado.

O primeiro excerto trata da hipótese em que o jurado participou de um julgamento que, por qualquer razão, foi anulado. No novo júri, caso esse mesmo jurado viesse, uma vez mais, a compor o Conselho de Sentença, sua leitura dos fatos já estaria enviesada, justificando que outro cidadão – com a percepção imaculada – funcione como julgador do caso. Registramos que o contido no texto legal já era o entendimento esposado pelo Supremo Tribunal Federal (STF) na Súmula n. 206, que assim prescreve: "É nulo o julgamento ulterior pelo júri com a participação de jurado que funcionou em julgamento anterior do mesmo processo" (Brasil, 1964c).

Igual lógica é a da segunda passagem. Com efeito, não são raras as vezes – como na hipótese de réus presos, em que um deles recorre da pronúncia e o outro não – que processo versante sobre os mesmos fatos venha a ser desmembrado, dando azo a julgamentos sucessivos, não simultâneos. Nessa situação, tendo o julgador leigo já participado do julgamento do primeiro réu, são significativas as chances de que ele, quando da deliberação acerca do futuro do outro acusado, chegue ao plenário com sua convicção já concebida, independentemente das provas e dos dados produzidos em plenário. Destarte, visando à imparcialidade, aquele jurado fica automaticamente excluído de compor o Conselho de Sentença.

A terceira hipótese elencada, reflexo da vedação disposta no art. 36, inciso III, da Lei Complementar n. 35, de 14 de março de 1979 – Lei Orgânica da Magistratura (Brasil, 1979) –, destina-se aos casos em que o jurado tenha manifestado previamente sua intenção de condenar ou absolver o acusado. Ilustramos por meio da situação em que um jurado convocado para a reunião periódica, horas antes da sessão do júri, relata em postagem em suas redes sociais que seu sonho é ser defensor público e que, em razão disso, "absolverá todo mundo". Também é o cenário em que um jurado, em caso de repercussão midiática, concede uma entrevista na televisão, adiantando seu voto. É evidente que essas pessoas, alheias e indiferentes à análise da prova, representam um obstáculo ao justo resultado do julgamento e, bem por isso, devem ser subtraídas da composição do Conselho de Sentença.

> Art. 450. Dos impedidos entre si por parentesco ou relação de convivência, servirá o que houver sido sorteado em primeiro lugar.

Na sequência, o art. 450 do CPP traz uma regra pragmática. Apesar de imprimir raciocínio presumível, a lei, fornecendo a diretriz a ser seguida, procura não deixar margem para eventuais tumultos no importante e apreensivo momento do sorteio dos jurados.

Assim, por exemplo, havendo dois irmãos sorteados, o primeiro, necessariamente, integrará o Conselho de Sentença, não sendo possível às partes externarem que preferem o segundo jurado, o qual estará automaticamente impedido.

> Art. 451. Os jurados excluídos por impedimento, suspeição ou incompatibilidade serão considerados para a constituição do número legal exigível para a realização da sessão.

Já destacamos que, nos termos do art. 447 do CPP, o Tribunal do Júri é composto pelo juiz togado e mais 25 jurados. Sem embargo, conforme se verá adiante, o art. 463 permite a instalação dos trabalhos quando atingido um *quórum* mínimo de 15 jurados.

Assim, tendo por escopo a realização da sessão, é permitido que jurados inaptos a formar o Conselho de Sentença – em razão de impedimento, suspeição ou incompatibilidade – sejam contabilizados para o alcance do número mínimo estabelecido pela lei. De qualquer modo, após instalada a sessão, sendo sorteado o jurado impedido, haverá sua exclusão.

> Art. 452. O mesmo Conselho de Sentença poderá conhecer de mais de um processo, no mesmo dia, se as partes o aceitarem, hipótese em que seus integrantes deverão prestar novo compromisso.

Finalmente, o legislador abre a possibilidade de que o mesmo Conselho de Sentença julgue dois processos em um mesmo dia, caso haja concordância das partes. Nesse caso, os integrantes do Conselho devem prestar novo compromisso.

Na prática, em razão do tempo considerável que perdura uma sessão de julgamento, é muito difícil que o mesmo Conselho tenha condições de funcionar em mais de um processo no mesmo dia. Aliás, é mais comum que um julgamento leve mais de um dia para terminar do que sejam realizadas duas sessões no mesmo dia.

De qualquer forma, é possível considerar, aqui, os casos de fácil solução, por exemplo, aqueles em que previamente o Ministério Público entenda ser caso absolvição. Nesses casos, por serem sessões mais curtas, ao menos em tese, mostra-se viável a aplicação do dispositivo.

Capítulo 10

*Da reunião e das sessões
do Tribunal do Júri*

Aqui, trataremos da reunião e das sessões do Tribunal do Júri, abordando as ausências, os adiamentos, a incomunicabilidade dos jurados, entre outras questões e ocorrências. Já estamos, definitivamente, em plenário.

Reuniões e sessões do Tribunal do Júri

> Art. 453. O Tribunal do Júri reunir-se-á para as sessões de instrução e julgamento nos períodos e na forma estabelecida pela lei local de organização judiciária.

Ao iniciar a Seção X – dedicada a tratar das reuniões e sessões do Tribunal do Júri –, o art. 453 do Código de Processo Penal (CPP) deixa a definição da frequência e da periodicidade da realização das sessões de julgamento a cargo das leis locais de organização judiciária. Assim, ao não preestabelecer as datas para que aconteçam reuniões e sessões, andou bem o legislador, possibilitando que sejam respeitadas as individualidades de cada comarca ou seção judiciária.

Os termos *reunião* e *sessão* não são equivalentes. A reunião se refere à época em que o Tribunal do Júri será realizado, ao passo que a sessão consiste no julgamento em si, englobando todos os seus atos. Daí se falar em reunião periódica e sessão de julgamento ou sessão plenária, bem como que as sessões têm ocorrência dentro do período de determinada reunião (por exemplo, que, na reunião do mês de janeiro, foram realizadas 10 sessões).

Deliberação sobre isenções e dispensas

> Art. 454. Até o momento de abertura dos trabalhos da sessão, o juiz presidente decidirá os casos de isenção e dispensa de jurados e o pedido de adiamento de julgamento, mandando consignar em ata as deliberações.

Na sequência, o art. 454 do CPP traz regra procedimental, a qual preconiza que o juiz deve decidir, caso a caso, sobre os pedidos de isenção e dispensa dos jurados até o momento de abertura dos trabalhos da sessão. Os jurados previamente dispensados sequer devem constar do sorteio referente àquele julgamento.

Quanto aos isentos, trata-se das pessoas mencionadas no art. 437 do CPP, as quais, caso venham a constar da urna geral, ao comunicarem a situação ao juiz (como no caso do jurado com mais de 70 anos), devem ser desoneradas do serviço.

Pedido de adiamento

O art. 454 do CPP prevê, ainda, que o juiz-presidente delibere a respeito de eventuais pedidos de adiamento formulados pelas partes diretamente em plenário. Ressaltamos que requerimentos dessa natureza devem ser acolhidos apenas quando existirem motivos de extrema relevância, não bastando a mera conveniência. Isso porque a realização da sessão plenária é deveras custosa, envolvendo a atuação de uma série de pessoas para que aconteça. Oficiais de Justiça passam dias intimando testemunhas, as quais têm de se deslocar até edifício do fórum para depor, profissionais se preparam e se fazem presentes para o julgamento, alimentação dos jurados é providenciada etc. De fato, para se abandonar tudo isso, a razão deve ser justa e excepcional. Assim, a nosso ver, nem mesmo basta que as partes concordem entre si sobre o pedido de adiamento, sendo imperiosa a presença da motivação razoável para que juiz presidente promova o adiamento.

Consignação em ata

Conforme veremos adiante, quando do estudo do art. 495 do CPP – Seção 15.1, Capítulo 15 –, a ata da sessão de julgamento é um importante meio de prova (para análise de eventuais nulidades posteriores à pronúncia, por exemplo), de forma que deve mencionar todas as ocorrências do julgamento. Desse modo, fica estabelecido que todas essas deliberações do juiz – a respeito de isenções, dispensas e pedidos de adiamento – sejam devidamente consignadas em ata.

Art. 455. Se o Ministério Público não comparecer, o juiz presidente adiará o julgamento para o primeiro dia desimpedido da mesma reunião, cientificadas as partes e as testemunhas.

> Parágrafo único. Se a ausência não for justificada, o fato será imediatamente comunicado ao Procurador-Geral de Justiça com a data designada para a nova sessão.

Ausência do membro do Ministério Público

Sendo o responsável por promover, em nome do Estado, a acusação, a presença do Ministério Público na sessão de julgamento é imprescindível. Em havendo ausência, há óbice intransponível ao prosseguimento dos trabalhos.

Antes da reforma processual de 2008, em caso de ausência injustificada do membro do Ministério Público e inexistência de substituto legal, a legislação autorizava que o magistrado nomeasse promotor *ad hoc*, na intenção de evitar que o julgamento fosse adiado. Entretanto, mesmo que o adiamento deva ser sempre providência excepcional, não é possível admitir que outro operador do direito, por mais qualificado que seja, represente o Ministério Público, pois se trata de função que somente pode ser exercida por membros de carreira, conforme estabelece o art. 129, parágrafo 2º, da Constituição Federal (Brasil, 1988) e a Lei n. 8.625, de 12 de fevereiro de 1993 (Brasil, 1993). Assim, mesmo antes da Lei n. 11.689, de 9 de junho de 2008 (Brasil, 2008a), o consolidado entendimento doutrinário já era no sentido de que a previsão não tinha sido recepcionada pela Constituição Federal de 1988, vindo a redação atual do art. 455 apenas a corroborar a posição.

O disposto no *caput* se destina aos casos em que o Ministério Público se ausenta em razão de justo motivo. Nessa ocasião, deve o juiz-presidente adiar o julgamento para o primeiro dia desimpedido da mesma reunião, com as devidas comunicações às partes e às testemunhas.

Já no caso de o promotor de justiça não comparecer à sessão de julgamento sem apresentar nenhuma justificativa para sua ausência, prevê o parágrafo único do art. 455 que o magistrado comunique o ocorrido ao Procurador-Geral de Justiça. A providência, além de possibilitar que o chefe da instituição designe outro promotor para atuar no julgamento, possibilita que eventuais medidas disciplinares venham a ser adotadas, uma vez que, conforme o art. 43, inciso V, da Lei n. 8.625/1993, Lei Orgânica Nacional do Ministério Público, é dever do agente ministerial assistir aos atos judiciais, quando obrigatória ou conveniente sua presença.

Art. 456. Se a falta, sem escusa legítima, for do advogado do acusado, e se outro não for por este constituído, o fato será imediatamente comunicado ao presidente da seccional da Ordem dos Advogados do Brasil, com a data designada para a nova sessão.

§ 1º Não havendo escusa legítima, o julgamento será adiado somente uma vez, devendo o acusado ser julgado quando chamado novamente.

> § 2º Na hipótese do §1º deste artigo, o juiz intimará a Defensoria Pública para o novo julgamento, que será adiado para o primeiro dia desimpedido, observado o prazo mínimo de 10 (dez) dias.

A defesa técnica, em qualquer processo criminal, é indispensável e indisponível, sendo impossível que um acusado seja processado ou julgado sem defensor (art. 261, *caput*, do CPP). Assim, da mesma forma que ocorre com o membro do Ministério Público, se ausente o advogado do réu, o julgamento é também adiado, não se admitindo, sob pena de prejuízo incontornável à defesa, a nomeação imediata de defensor *ad hoc*.

Caso a falta seja justificada, não há maiores discussões, apenas procedendo-se à intimação das partes acerca da nova data aprazada para a realização da sessão.

Entretanto, se o advogado faltante não apresentar justificativa para sua ausência, o magistrado comunicará o presidente da seccional da Ordem dos Advogados do Brasil, tendo em vista que a ausência do causídico, à luz do art. 34, inciso XI, da Lei n. 8.906, de 4 de julho de 1994, Estatuto da Advocacia, configura, em tese, infração disciplinar, consistente no abandono da causa sem justo motivo ou sem comunicação prévia da renúncia (Brasil, 1994). O juiz-presidente, ao considerar o réu indefeso, ainda pode aplicar, ao advogado que imotivadamente falte ou abandone a sessão, multa no valor de 10 a 100 salários-mínimos, nos termos do art. 265 do CPP.[1] [2]

Também nesses casos de não comparecimento ou abandono ilegítimos, o magistrado deve intimar a Defensoria Pública do ocorrido, para que um integrante da instituição fique de sobreaviso e atue em caso de nova ausência, respeitando-se o prazo mínimo de 10 dias para preparação. Essa providência, prevista no parágrafo 2º do dispositivo em comento, dá efetividade ao parágrafo 1º, o qual estabelece que o julgamento pode ser adiado apenas por uma vez. Impede-se, assim, que censuráveis ausências se repitam reiterada e propositadamente, de modo a postergar, sem justo motivo, o julgamento. No dia do julgamento, caso o advogado constituído compareça, atuará na sessão; caso não, o Defensor Público tomará a frente da defesa do acusado em plenário.

Ausência do réu solto

> Art. 457. O julgamento não será adiado pelo não comparecimento do acusado solto, do assistente ou do advogado do querelante, que tiver sido regularmente intimado.

---

1 No Agravo Regimental no Recurso Especial n. 1.821.501/PR (Brasil, 2020d), o Superior Tribunal de Justiça (STJ) afastou ordem anteriormente concedida em mandado de segurança, com vistas a aplicar multa para advogado que abandonou a sessão plenária sem motivo imperioso.

2 Recentemente, o STJ decidiu que, no caso de abandono injustificado por defensor público, cabe à instituição da Defensoria Pública arcar com a multa imposta (RMS n. 54.183/SP, Brasil, 2019i).

§ 1º Os pedidos de adiamento e as justificações de não comparecimento deverão ser, salvo comprovado motivo de força maior, previamente submetidos à apreciação do juiz presidente do Tribunal do Júri.

§ 2º Se o acusado preso não for conduzido, o julgamento será adiado para o primeiro dia desimpedido da mesma reunião, salvo se houver pedido de dispensa de comparecimento subscrito por ele e seu defensor.

Após tratar das ausências do Ministério Público e do defensor do acusado, o CPP regulamenta, no art. 457, a hipótese do não comparecimento do acusado solto, do assistente de acusação ou do advogado do querelante.

Como já registramos, com a reforma processual de 2008 tomando o direito ao não comparecimento como corolário do direito constitucional ao silêncio, passou-se a prever que a ausência do réu solto em plenário não resulta em adiamento automático do julgamento. Com efeito, não há dúvida de que se revela mais aprazível aos interesses do réu, diante dos jurados, que não se faça presente à sessão do que comparecer e ficar completamente em silêncio.

Em uma primeira leitura, o dispositivo parece não abrir espaço para adiamento sequer nos casos em que a falta do réu solto for justificada. Contudo, é certo que, sob pena de nulidade, não deve ser essa a conduta da autoridade judicial, pois, ao contrário, haveria nítida afronta ao direito de autodefesa do réu, mais precisamente, ao direito de presença. Desse modo, no caso do réu que, comprovadamente, esteja impedido de comparecer ao julgamento em razão de recente acidente automobilístico, por exemplo, é preciso postergar a realização da sessão de julgamento para data seguida à recuperação[13].

Ausência do réu preso

Estando o réu custodiado, é responsabilidade do Estado garantir sua presença no julgamento. Assim, caso não se realize a condução do acusado do ergástulo em que está recolhido até o local do júri, a sessão será adiada.

Todavia, se, quando intimado, o réu fizer expresso pedido de dispensa de comparecimento, o julgamento pode ocorrer normalmente, sem sua presença. Nesse caso, contudo, importante ressaltar que sua ausência fica condicionada à anuência do defensor, o que funciona como verdadeiro requisito de validade da manifestação do acusado. Como diz Aury Lopes Jr. (2013, p. 1.027), ao comentar o texto do parágrafo 2º do art. 457 do CPP, "a conjunção aditiva 'e' não deixa dúvidas de que devem concorrer as duas assinaturas, pare evitar futuras alegações de nulidade [...]."

Ante a clara opção legal, em não havendo concordância da defesa técnica, não há alternativa, devendo-se proceder à

---

3   Nesse sentido, como observa Renato Brasileiro de Lima (2016), é preciso que a análise ocorra em conjunto com o parágrafo 1º do art. 457 do CPP, que trata dos pedidos de adiamentos e justificações. Assim, mostra-se evidente que a ausência do acusado solto, quando motivada e acolhida pelo juiz, conduz ao adiamento do julgamento.

condução forçada do réu, mesmo que essa presença contrariada possa ocasionar resultado desastroso aos anseios da defesa[14]. Seja como for, comparecendo por insistência de seu advogado, o acusado ainda pode exercer livremente seu direito ao silêncio, de modo que suas convicções, em última análise, serão respeitadas.

Ausência do assistente de acusação

Desde que devidamente intimado para a sessão do julgamento, a ausência do advogado do assistente de acusação (justificada ou injustificada) também não constitui causa de adiamento do júri. De fato, a assistência de acusação, não obstante sua inegável importância, é parte acessória, não havendo razão para que sua falta configure óbice para a instalação dos trabalhos. Destarte, quando as partes principais – Ministério Público e defesa, representante do réu – se fizerem presentes, o júri não deverá ser adiado.

Ausência do advogado do querelante

Nos raríssimos casos em que há um advogado do querelante nos processos afetos ao Tribunal do Júri – nas hipóteses de ação penal privada subsidiária da pública, ou em caso de conexão entre o crime doloso contra a vida e outro delito de ação penal privada –, caso esse profissional não compareça, o julgamento não será remarcado. Na primeira situação, o Ministério Público retoma a titularidade da ação (art. 29 do CPP), não estando

---

4   Em sentido contrário ao defendido, Rogério Sanches e Ronaldo Pinto (2020) entendem que, sob o espírito da reforma, deve prevalecer a vontade do réu.

vinculado, obviamente, a sustentar a tese acusatória em plenário. Na segunda situação, sendo a ação penal privada, não cabe ao *parquet* exercer a acusação em plenário, e, assim, a falta do advogado do querelante dá razão à extinção da punibilidade em relação àquele crime, pela perempção (art. 107, inciso IV, do Código Penal e art. 60, inciso III, do CPP).

> Art. 458. Se a testemunha, sem justa causa, deixar de comparecer, o juiz presidente, sem prejuízo da ação penal pela desobediência, aplicar-lhe-á a multa prevista no § 2º do art. 436 deste Código.

Com relação à testemunha, o não comparecimento sem justificativa, diferentemente do que ocorre com o jurado faltoso, configura crime de desobediência, nos termos do art. 330 do Código Penal. Além da responsabilização penal expressamente prevista, o comando legal estabelece que juiz-presidente aplicará multa à testemunha, no importe de um a dez salários-mínimos, nos termos do art. 436, parágrafo 2º, do CPP.

Importante reforçar que a testemunha residente em outra comarca, mesmo que intimada, não está obrigada a comparecer à sessão de julgamento e, nesses termos, sua ausência não dá ensejo a nenhum tipo de responsabilização administrativa ou criminal.

> Art. 459. Aplicar-se-á às testemunhas a serviço do Tribunal do Júri o disposto no art. 441 deste Código.

Acertadamente, reprisando regulamentação afeta aos jurados, o art. 459 do CPP preconiza que a testemunha que se faça presente na sessão de julgamento não sofrerá nenhum desconto em seus vencimentos ou salário.

Aqui, importa observar que a vedação à dedução salarial se aplica, inclusive, aos casos em que a testemunha comparece, atendendo ao chamado da Justiça, mas acaba por ser dispensada pelas partes, sem prestar depoimento.

> Art. 460. Antes de ser constituído o Conselho de Sentença, as testemunhas serão recolhidas a lugar onde umas não possam ouvir os depoimentos das outras.

Ao tratar das testemunhas, no Capítulo VI do Título VII, o CPP dispõe, no art. 210, que elas serão inquiridas individualmente, de modo que umas não saibam nem ouçam os depoimentos das outras. Assim, antes do início da audiência e durante sua realização, serão reservados espaços separados para que a incomunicabilidade seja resguardada.

A mesma sistemática, em vista de preservar a idoneidade da prova testemunhal, foi prevista pelo art. 460 do CPP. Na prática, acaba-se por separar testemunhas de acusação e de defesa em espaços distintos, sempre com a fiscalização do oficial de justiça. Essa providência, para além de evitar que se macule a credibilidade da prova oral a ser produzida em plenário, antepara as pessoas convocadas de constrangimentos, influências ou mesmo ameaças. Ilustramos com o caso em que o pai da vítima se vê obrigado a dividir a mesma sala de espera com o pai do réu, ou quando a viúva tem de compartilhar ambiente com o menor de idade, suposto coautor do crime.

De qualquer maneira, é certo que a quebra da incomunicabilidade das testemunhas, por si só, não conduz necessariamente à anulação do julgamento. Configura nulidade relativa, dependendo, além da arguição imediata, efetiva demonstração do prejuízo.

Art. 461. O julgamento não será adiado se a testemunha deixar de comparecer, salvo se uma das partes tiver requerido a sua intimação por mandado, na oportunidade de que trata o art. 422 deste Código, declarando não prescindir do depoimento e indicando a sua localização.

§ 1º Se, intimada, a testemunha não comparecer, o juiz presidente suspenderá os trabalhos e mandará conduzi-la ou adiará o julgamento para o primeiro dia desimpedido, ordenando a sua condução.

§ 2º O julgamento será realizado mesmo na hipótese de a testemunha não ser encontrada no local indicado, se assim for certificado por oficial de justiça.

Ausência de testemunhas e adiamento da sessão plenária

O art. 461 do CPP tem enorme relevância prática, sendo frequente que, em julgamentos do Tribunal do Júri, uma ou mais testemunhas não compareçam para a oitiva. Nessas situações, importa saber quando a ausência conduzirá necessariamente ao reagendamento da sessão plenária.

Em primeiro lugar, faltosa a testemunha, cabe ao magistrado questionar à parte que a invocou se insiste ou não em seu depoimento. Em caso negativo, a questão estará superada, prosseguindo-se o julgamento. Em havendo a persistência, o juiz-presidente deve observar se aquele depoente foi ou não arrolado sob a cláusula de imprescindibilidade. Se não, o julgamento não será adiado. Se sim, deve determinar a condução coercitiva da testemunha, suspendendo a sessão. Caso a condução reste infrutífera, o julgamento será adiado para o primeiro dia desimpedido, bem como será ordenada nova condução do depoente.

Não obstante, é crucial atentar para o que dispõe o parágrafo 2º do enunciado legal em comento: a fim de evitar reprováveis manobras procrastinatórias, apenas haverá a remarcação quando a testemunha tiver sido regularmente intimada pelo oficial de justiça no endereço fornecido pela parte e, ainda assim, não comparecer à sessão. Dito de outra forma, caso certificado que determinada testemunha, mesmo que imprescindível, não fora encontrada no local indicado, não haverá adiamento do julgamento, que acontecerá normalmente sem sua presença[15].

Ainda sobre imprescindibilidade da testemunha, sustentamos que essa atribuição de essencialidade fica a cargo exclusivo das partes – que lhe confere "*sponte própria* e formalmente o cunho de imprescindível" (Bonfim, 2018, p. 207) –, não sendo cabível ao magistrado se imiscuir a ponto de afastar essa característica do testigo. Com efeito, além de não haver previsão legal nesse sentido, no júri – nunca é demais lembrar –, o jurado julga pela livre convicção, podendo ser determinante para o resultado o testemunho de pessoa que, embora não tenha presenciado os fatos, muito saiba informar sobre a vida pregressa e sobre o comportamento habitual da vítima ou do réu.

Por fim, na hipótese da testemunha residente em outra comarca – independentemente de ter sido tomada como imprescindível ou não –, não havendo dever legal de comparecimento, sua falta não conduz ao adiamento[16].

---

5   É esse o entendimento do STJ no Habeas Corpus n. 498.441/SP (Brasil, 2019g) e no Habeas Corpus n. 468.805/PR (Brasil, 2019f).

6   Nessa esteira, aponta-se para o Habeas Corpus n. 129.377/SP (Brasil, 2011a) e Habeas Corpus n. 26.528/SC (Brasil, 2005), julgados pelo STJ.

Art. 462. Realizadas as diligências referidas nos arts. 454 a 461 deste Código, o juiz presidente verificará se a urna contém as cédulas dos 25 (vinte e cinco) jurados sorteados, mandando que o escrivão proceda à chamada deles.

Após realizar todas as providências destinadas à abertura dos trabalhos – como a conferência da presença do réu (ou sua ausência, se for o caso), do membro do Ministério Público e do defensor, bem como a verificação acerca do comparecimento das testemunhas, garantindo sua incomunicabilidade –, o juiz-presidente procederá à chamada dos jurados.

Imperioso que o magistrado confira se a urna (ou o sistema eletrônico equivalente) contém as cédulas representando os 25 jurados sorteados e convocados, e, após, determine que o escrivão realize a chamada, atestando a presença de todos. Constatadas eventuais faltas, cabe ao juiz deliberar a respeito, fazendo consignar na ata da sessão. Em seguida à chamada, havendo jurados suficientes, o juiz determina que se dê início ao julgamento.

Art. 463. Comparecendo, pelo menos, 15 (quinze) jurados, o juiz presidente declarará instalados os trabalhos, anunciando o processo que será submetido a julgamento.

> § 1º O oficial de justiça fará o pregão, certificando a diligência nos autos.
>
> § 2º Os jurados excluídos por impedimento ou suspeição serão computados para a constituição do número legal.

Quórum mínimo

Para que se declare aberta a sessão, é preciso que estejam presentes, ao menos, 15 jurados. O parágrafo 2º reforça disposição do art. 451 do CPP, como já vimos, no sentido de que, para constituição do quórum legal mínimo, são computados mesmo os jurados excluídos em decorrência de impedimento ou suspeição.

Pregão

O art. 463 estabelece, em seu parágrafo 1º, que o oficial de justiça realize o pregão, providência que consiste no anúncio, em voz alta, do processo em julgamento, com expressa menção aos nomes do juiz-presidente, do(s) acusado(s) e de seu defensor, do representante do Ministério Público e, havendo, do advogado do assistente de acusação.

É ato protocolar, certificado em ata, cuja deficiência, em regra, configura apenas irregularidade ou, na rara hipótese de comprovação de prejuízo, nulidade relativa. Nada a despeito, apresenta reflexos importantes, pois, além de conferir publicidade ao julgamento, determina o momento adequado – logo após sua realização – para a arguição de nulidades que porventura tenham surgido após a decisão de pronúncia (art. 571, inciso V, do CPP). No ponto, devemos frisar que esse marco temporal se refere apenas às nulidades relativas, uma vez que as nulidades absolutas não são passíveis de preclusão e podem ser aventadas a qualquer tempo.

> Art. 464. Não havendo o número referido no art. 463 deste Código, proceder-se-á ao sorteio de tantos suplentes quantos necessários, e designar-se-á nova data para a sessão do júri.

O art. 464 do CPP traz mais uma regra procedimental. Assim, não alcançado o mínimo 15 (quinze) jurados, resta impossibilitado o julgamento, devendo ser realizado o sorteio dos suplentes necessários e designada nova data para o júri. De qualquer modo, na prática, a fim de resguardar a realização do júri, é comum que os suplentes sejam também convocados de antemão para se apresentarem às sessões, não havendo, nesse proceder, nenhum prejuízo às partes, uma vez que previamente conhecedoras da lista correspondente (art. 425, parágrafo 1º, do CPP).

> Art. 465. Os nomes dos suplentes serão consignados em ata, remetendo-se o expediente de convocação, com observância do disposto nos arts. 434 e 435 deste Código.

Sendo necessário o aprazamento de nova sessão de julgamento, instrui o art. 465 do CPP que os nomes dos suplentes sorteados sejam consignados em ata, com sua convocação seguindo o mesmo protocolo referente aos jurados inicialmente chamados, de modo que os substitutos poderão ser intimados por correio ou qualquer outro meio eficiente, bem como seus nomes serão afixados na porta do edifício do Tribunal do Júri, nos moldes dos arts. 434 e 435 do CPP.

Art. 466. Antes do sorteio dos membros do Conselho de Sentença, o juiz presidente esclarecerá sobre os impedimentos, a suspeição e as incompatibilidades constantes dos arts. 448 e 449 deste Código.

§ 1º O juiz presidente também advertirá os jurados de que, uma vez sorteados, não poderão comunicar-se entre si e com outrem, nem manifestar sua opinião sobre o processo, sob pena de exclusão do Conselho e multa, na forma do §2º do art. 436 deste Código.

§ 2º A incomunicabilidade será certificada nos autos pelo oficial de justiça.

Explicação sobre as causas de impedimento, suspeição e incompatibilidades

Já explanamos, nesta obra, que as causas de impedimento, suspeição e incompatibilidades referem-se ao resguardo da imparcialidade. Em verdade, a isenção do julgador é característica essencial da jurisdição, seja quando exercida pelo juiz togado ou pelos julgadores leigos no Tribunal do Júri. E justamente por, em sua maioria, serem desprovidos de formação jurídica, é de se pensar que os jurados não tenham plena consciência das causas de impedimento, suspeição e incompatibilidades ao exercício do serviço de júri, razão pela qual cumpre ao juiz-presidente esclarecê-los e alertá-los a esse respeito.

Em seguida, cabe ao jurado verificar se há enquadramento em alguma das situações mencionadas e, em caso positivo, proceder à comunicação ao magistrado. Tal conduta deve ocorrer logo em seguida ao aviso do juiz, mas nada impede que, passado esse momento, o jurado, se sorteado para compor o Conselho de Sentença, anuncie estar incurso em alguma das hipóteses. Também é possível, como já mencionado, que a parte faça a advertência, com posterior exclusão do jurado pelo juiz, se for o caso.

Incomunicabilidade dos jurados

Logo após explicar as causas de impedimento, suspeição e incompatibilidade, o juiz alertará os jurados acerca da incomunicabilidade obrigatória, a qual, durante a toda constância da sessão, valerá para a sala pública (o plenário do júri), para a sala secreta ou para qualquer outro local a que se dirijam os jurados durante o julgamento.

Segundo ensinamento do saudoso Ministro do Supremo Tribunal Federal (STF), Firmino Whitaker (1923, p. 88), "a lei, exigindo a incomunicabilidade, pretendeu garantir a independência dos jurados e a verdade das decisões. Só a própria convicção os deve guiar no julgamento".

Em acréscimo, além de impedir que haja indevida influência na convicção de outro jurado, também existe o escopo de, em obediência ao mandamento constitucional (art. 5º, inciso XXXVIII, alínea "b", da Constituição Federal), garantir que as votações do júri sejam sigilosas. Dessa maneira, os componentes do Conselho de Sentença estão proibidos de conversar entre si sobre os fatos em exame.

Na hipótese de ser desrespeitada a norma – seja pela revelação do voto pelo jurado, seja pela tentativa de convencimento de outro julgador num ou noutro sentido – é de ser dissolvido o Conselho de Sentença, pois, certificada em ata a indevida manifestação, é vício insanável, que conduz à nulidade absoluta do julgamento (art. 564, inciso III, alínea "j", do CPP). Além disso, dando causa a essa dissolução do órgão julgador, o jurado deverá suportar multa no valor de um a dez salários-mínimos. Se houver manifesta má-fé, é até mesmo possível aventar a prática do crime de prevaricação (art. 319 do Código Penal).

É óbvio que não são ligeiros sugestionamentos ou meras insinuações que necessariamente conduzem ao desfazimento do julgamento. É preciso que a quebra da incomunicabilidade seja séria e acentuada o bastante para acarretar consequência tão grave, cabendo ao juiz-presidente a apreciação do efeito que as palavras ou os gestos empregados possam ter tido sobre a liberdade de julgamento do jurado[17].

Além disso, ressaltamos que o dever é de incomunicabilidade, não de silêncio. Isso significa que é plenamente possível que os jurados conversem, seja entre si, seja com outros profissionais envolvidos no julgamento. O que não se permite é que essa conversa esteja relacionada aos fatos em discussão no processo, a exemplo de quando um jurado diz ao outro que ficou evidente que a última testemunha mentiu e, portanto, é caso de absolver ou condenar. Diálogos triviais nos intervalos da sessão sobre outros assuntos, como trabalho, futebol, política – sempre na presença do oficial de justiça, agente legal responsável por inspecionar e certificar a incomunicabilidade –, são admitidos e não maculam o julgamento.

Ora, tanto não há um dever de silêncio que, conforme melhor verificaremos adiante, é atribuída ao jurado a possibilidade de formulação de perguntas diretamente às testemunhas, inclusive, requerendo acareações e reconhecimentos. A propósito, não podemos perder de vista que o jurado é, em última análise, o destinatário da prova, não impondo, a lei, que permaneça calado durante toda a sessão plenária. É possível, assim,

---

7 No mesmo sentido, o saudoso Magarinos Torres (1939), que ensinava que o conceito de incomunicabilidade tem viés relativo, não absoluto.

que adote conduta ativa e interessada, desde que não escancare seu posicionamento.

Ainda, como já salientamos, a incomunicabilidade perdura durante a realização da sessão de julgamento. Terminada a sessão, com o anúncio do resultado, o dever é cessado, podendo o jurado exteriorizar seu voto livremente, inclusive, comentando sobre as provas que o levaram a julgar desta ou daquela maneira.

Finalizando a questão, impende registrar que, uma vez escolhidos para compor o Conselho de Sentença, os jurados não mais poderão utilizar seus dispositivos eletrônicos – os quais serão confiscados de suas posses e devolvidos apenas no fim da sessão –, salvo para, diante de todos e se assim quiserem, avisarem familiares e empregadores que ficarão para o julgamento. Ademais, a fim de evitar a comunicação com o mundo exterior, seja pelo contato direto com pessoas, seja por notícias jornalísticas, não poderão deixar o edifício do júri desacompanhados de servidor do Judiciário, de modo que, caso a sessão se estenda por vários dias (o que não é raro), pernoitarão em local isolado e apropriado, como em um dormitório do tribunal ou em um hotel fornecido pelo juízo, e não em suas casas. São desconfortos e contratempos consideráveis, mas essenciais e inerentes à efetividade dos julgamentos pelo Tribunal Popular.

> Art. 467. Verificando que se encontram na urna as cédulas relativas aos jurados presentes, o juiz presidente sorteará 7 (sete) dentre eles para a formação do Conselho de Sentença.

Na sequência, o art. 467 do CPP evidencia que, no júri brasileiro, o Conselho de Sentença é formado por sete julgadores leigos, os quais serão sorteados pelo juiz presidente entre os jurados presentes.

Trata-se de número que faz parte de nossa tradição processual penal desde o período imperial. Ao menos quatro dos sete componentes, votando no mesmo sentido, determinarão o resultado do julgamento.

> Art. 468. À medida que as cédulas forem sendo retiradas da urna, o juiz presidente as lerá, e a defesa e, depois dela, o Ministério Público poderão recusar os jurados sorteados, até 3 (três) cada parte, sem motivar a recusa.
>
> Parágrafo único. O jurado recusado imotivadamente por qualquer das partes será excluído daquela sessão de instrução e julgamento, prosseguindo-se o sorteio para a composição do Conselho de Sentença com os jurados remanescentes.

O art. 468 do CPP ocupa-se da regulamentação das recusas dos jurados, as quais podem ser motivadas ou imotivadas.

As recusas motivadas são aquelas que decorrem de causa de impedimento, suspeição ou incompatibilidade e, com vistas a atender à imparcialidade, são ilimitadas. Quando arguidas, serão examinadas pelo juiz-presidente, que decidirá em ata.

De outro lado, as recusas imotivadas são peremptórias, não exigindo nenhum tipo de justificativa. É faculdade legal conferida às partes, sem que haja necessidade (ou mesmo possibilidade) de qualquer intervenção do magistrado. Desse modo, o enunciado legal confere à defesa e ao Ministério Público, nesta ordem, a possibilidade de recusar injustificadamente até três dos jurados sorteados. Procede-se da seguinte forma: após chamar o nome do jurado, o magistrado questiona a defesa e, em seguida, o promotor de justiça sobre se o aceitam ou o dispensam. Havendo a recusa por qualquer das partes, o jurado é excluído daquela sessão específica, não havendo óbice para que participe dos julgamentos posteriores.

Dessa forma, não se confere o direito de recusa ao advogado do assistente de acusação, de modo que a ele é possível apenas apresentar sua sugestão ao membro do Ministério Público acerca de determinada pessoa sorteada.

Além da importância de ordem prática e estratégica, a prerrogativa concedida às partes de, mesmo que limitada e parcialmente, escolher os julgadores da causa, sem que haja ofensa ao princípio do juiz natural, consubstancia-se em atributo característico do rito do júri, não observável em nenhum outro procedimento da Justiça Criminal.

Sobre essa peculiaridade, ensina Edilson Mougenot Bonfim (2018, p. 206) que "não basta que os jurados sejam indicados pela sorte; é necessário que sejam aceitos como juízes pela acusação e pela defesa, e que ambas as partes os reputem dignos da magistratura temporária, de que se revestem".

Para tal escolha, aliás, é comum que sejam realizadas pesquisas sobre os possíveis componentes do Conselho de Sentença, e, com base em informações sobre idade, profissão ou orientação política, por exemplo, sejam traçados os perfis dos jurados. Com isso, busca-se esquadrinhar o julgador mais adequado para o caso que será posto em debate.

É possível se retratar por meio do julgamento de um caso de feminicídio: não costuma ser benéfico à defesa um Conselho de Sentença composto só por mulheres, as quais tendem a se compadecer com o sofrimento da ofendida; já para o Ministério Público, parece não interessar o jurado que faça constantes postagens nas redes sociais desqualificando as mulheres e seus direitos, sendo considerável a probabilidade de que esse indivíduo não se mostre tão sensível à situação da vítima.

Não obstante, no ponto, é importante frisarmos que a noção de "melhor" ou "pior" jurado, em última análise, depende do ponto de vista – quase que da intuição – de cada uma das partes, não havendo (nem devendo haver) uma garantia catalogada de que determinada pessoa tenha inclinação a um ou a outro entendimento. Como bem esclarece Mougenot Bonfim (2018, p. 207), "jamais conseguimos, nesse sentido, colocar no mesmo balaio das generalizações, por raça, credo, profissão, sexo ou idade, o jurado disposto ao prejulgamento". Ao fim e ao cabo, o que sempre se procura são jurados justos e decorosos, cujas decisões sejam pautadas na prova dos autos.

Finalmente, válido anotar que estudos, pesquisas ou investigações sobre o perfil dos jurados, apesar de não proibidos, não são prestigiados ou estimulados pela legislação pátria, de maneira que nem mesmo é possível fazer qualquer tipo de entrevista ou pergunta prévia ao pretenso julgador, a fim de se averiguar alguma predisposição. Com efeito, valendo-nos do direito comparado, exemplo clássico é o que acontece nos Estados Unidos, local em que há, inclusive, a figura do "consultor de júri", profissional contratado pelas partes para definir o perfil dos potenciais jurados, apontando quais seriam os julgadores mais suscetíveis a acolher ou rejeitar determinadas teses.

Art. 469. Se forem 2 (dois) ou mais os acusados, as recusas poderão ser feitas por um só defensor.

§ 1º A separação dos julgamentos somente ocorrerá se, em razão das recusas, não for obtido o número mínimo de 7 (sete) jurados para compor o Conselho de Sentença.

§ 2º Determinada a separação dos julgamentos, será julgado em primeiro lugar o acusado a quem foi atribuída a autoria do

> fato ou, em caso de coautoria, aplicar-se-á o critério de preferência disposto no art. 429 deste Código.

A previsão do art. 469 do CPP estabelece como acontecerão as recusas nos casos em que há mais de um acusado. Na hipótese de representação por advogados diferentes, cada um pode deliberar individualmente sobre as recusas.

De qualquer modo, a doutrina majoritária tem entendido que, mesmo com um só advogado, o número de recusas peremptórias é por acusado, isto é, cada réu tem direito de aceitar ou rejeitar, individualmente, o jurado sorteado, ou, se entender conveniente, incumbir que as recusas sejam encetadas em conjunto com os outros acusados[18].

No que toca à previsão do parágrafo 1º, este estabelece que somente haverá separação dos julgamentos dos réus no caso de, diante das dispensas, não se atingir o número de sete jurados para formar o Conselho de Sentença. Como explica Aury Lopes Jr. (2013, p. 1.028), "se após o exercício de todas as recusas, houver um consenso em torno de sete jurados, haverá júri com os dois réus. Do contrário, opera-se a cisão".

Nos casos que ensejarem desmembramento, tem preferência de julgamento o réu a que se atribui a autoria e, em caso de coautoria, a preferência é daquele que estiver preso há mais tempo (critério do art. 429 do CPP). Alternativamente, estando

---

8 Nesse sentido, ver: Nucci, 2018, p. 1.011.

todos os critérios idênticos, a prevalência é do acusado que tiver sido pronunciado antes.

> Art. 470. Desacolhida a arguição de impedimento, de suspeição ou de incompatibilidade contra o juiz presidente do Tribunal do Júri, órgão do Ministério Público, jurado ou qualquer funcionário, o julgamento não será suspenso, devendo, entretanto, constar da ata o seu fundamento e a decisão.

Superadas as arguições a respeito de impedimento, suspeição ou incompatibilidade dos jurados, do juiz ou do promotor, o julgamento prossegue normalmente, sem necessidade de suspensão ou postergação. A única providência devida é a consignação da decisão – e de sua respectiva fundamentação – na ata de julgamento para fins de discussão em sede de eventual recurso de apelação.

> Art. 471. Se, em consequência do impedimento, suspeição, incompatibilidade, dispensa ou recusa, não houver número para a formação do Conselho, o julgamento será adiado para o primeiro dia desimpedido, após sorteados os suplentes, com observância do disposto no art. 464 deste Código.

A regra insculpida no art. 471 trata do que a doutrina chama de "estouro de urna". Ela acontece quando não se alcança o número de sete jurados aptos a formar o Conselho de Sentença, o que impede o julgamento e faz com que se proceda ao adiamento para o primeiro dia desimpedido, sorteando-se jurados suplentes para a nova sessão.

Art. 472. Formado o Conselho de Sentença, o presidente, levantando-se, e, com ele, todos os presentes, fará aos jurados a seguinte exortação:

Em nome da lei, concito-vos a examinar esta causa com imparcialidade e a proferir a vossa decisão de acordo com a vossa consciência e os ditames da justiça.

Os jurados, nominalmente chamados pelo presidente, responderão:

Assim o prometo.

Parágrafo único. O jurado, em seguida, receberá cópias da pronúncia ou, se for o caso, das decisões posteriores que julgaram admissível a acusação e do relatório do processo.

Compromisso legal

Finalizando a Seção X, o art. 472 do CPP prevê a tomada do compromisso legal dos jurados, ocasião em que o juiz-presidente concitará (ou seja, chamará, encorajará) os jurados a examinarem a causa que lhes submete com imparcialidade, proferindo veredito que esteja de acordo com suas consciências e os ditames da justiça.

Trata-se de ato solene, que evidencia a liturgia da instituição do Júri, dando aos jurados a noção exata da importância de seu mister. Com efeito, o Tribunal Popular é órgão que representa a consciência social e suas decisões podem ser consideradas como a expressão da verdade (Bonfim, 2018).

Para tanto, o magistrado convida todos os presentes a ficarem em pé, faz a exortação legal e chama cada um dos julgadores por seus nomes, de forma individual, momento em que cada um dos jurados deve responder: "assim o prometo".

Tal ritualística formal, além de advertir os jurados sobre a responsabilidade da função, contribui para a credibilidade do julgamento aos olhos da plateia, do ofendido (se houver) e do próprio réu.

Cópia da pronúncia e do relatório do processo

Uma vez tomado o compromisso, o jurado recebe cópia da pronúncia ou das demais decisões que julguem admissível a acusação (geralmente o acórdão do Tribunal de Justiça do Estado), bem como cópia do relatório elaborado pelo juiz-presidente em atendimento ao art. 423 do CPP.

A entrega de tais documentos aos jurados serve como uma apresentação inicial do caso ao julgador, substituindo a antiga previsão de leitura obrigatória de peças, que se revelava providência contraproducente e fastidiosa.

Capítulo 11

Da instrução em plenário

A Seção XI do Código de Processo Penal (CPP) se dedica inteiramente a reger o curso da instrução em plenário. A regulamentação legal desse momento processual é de extrema relevância, especialmente no procedimento do júri, tendo em vista que o contato direto (e ao vivo) dos jurados com a formação probatória está entre os fatores mais importantes de definição do resultado do julgamento. Com efeito, ao comparar provas já constantes do processo e provas produzidas durante o plenário, ressalta Edilson Mougenot Bonfim (2018) que, em regra, são estas últimas que ficam acentuadamente mais fortes na consciência dos julgadores, não só por serem as últimas, mas também por serem as únicas que efetivamente assistiram produzir.

Art. 473. Prestado o compromisso pelos jurados, será iniciada a instrução plenária quando o juiz presidente, o Ministério Público, o assistente, o querelante e o defensor do acusado tomarão, sucessiva e diretamente, as declarações do ofendido, se possível, e inquirirão as testemunhas arroladas pela acusação.

§ 1º Para a inquirição das testemunhas arroladas pela defesa, o defensor do acusado formulará as perguntas antes do Ministério Público e do assistente, mantidos no mais a ordem e os critérios estabelecidos neste artigo.

§ 2º Os jurados poderão formular perguntas ao ofendido e às testemunhas, por intermédio do juiz presidente.

> § 3º As partes e os jurados poderão requerer acareações, reconhecimento de pessoas e coisas e esclarecimento dos peritos, bem como a leitura de peças que se refiram, exclusivamente, às provas colhidas por carta precatória e às provas cautelares, antecipadas ou não repetíveis.

Organização das oitivas

A instrução terá início logo após a tomada do compromisso dos jurados, havendo uma ordem preestabelecida para a oitiva dos depoentes. Com efeito, o ofendido (quando sua presença for possível, no caso de ter sobrevivido) será o primeiro a prestar depoimento. Nesse ponto, interessante a lição de Nucci (2018, p. 209), no sentido de que a vítima não é considerada testemunha (sua declaração não é disciplinada pelo capítulo do Código de Processo Penal que trata da prova testemunhal), o que implica dizer que (a) ela não é contabilizada no limite legal de testemunhas permitidas; (b) ela não presta compromisso de dizer a verdade – o que, de modo algum, torna desprezível sua colaboração, a qual, via de regra, é de grande valia. Na sequência, serão ouvidas as testemunhas da acusação e defesa, necessariamente nesta ordem, e, ao final, será interrogado o réu.

Quando ouvidos o ofendido e as testemunhas de acusação, a redação legal indica que a inquirição é iniciada pelo juiz presidente, seguido do Ministério Público, do assistente de acusação, do querelante e, por último, do defensor.

Com relação às testemunhas de defesa, consoante estabelece o parágrafo 1º do art. 473, a ordem é invertida. As perguntas ainda são inauguradas pelo juiz-presidente, mas a palavra na sequência passará à defesa e, só então, ao Ministério Público e ao assistente de acusação.

De qualquer sorte, comungamos do escólio de Aury Lopes Jr. (2013, p. 1.029), quando explica que o papel do juiz deve ser totalmente secundário, não tendo ele "o protagonismo inquisitório do sistema anterior, no qual o juiz fazia a inquir(s)ição e, após, deixava 'o que sobrasse' para as partes". De fato, em busca de um processo penal que se pretende democrático e acusatório, não há como se estabelecer no juiz a fonte maior de produção probatória, cabendo às partes essa confecção. Assim, é de se aplicar a regra geral disposta no art. 212 do CPP[1], restando ao juiz apenas complementar, de forma isenta, as questões até então formuladas[2]. Infelizmente, fincada ainda no sistema inquisitivo e presidencialista, a jurisprudência é complacente com a indagação iniciada pelo magistrado, e, na prática, as partes acabando ficando à mercê do entendimento de cada juiz, a elas restando

---

[1] "Art. 212. As perguntas serão formuladas pelas partes diretamente à testemunha, não admitindo o juiz aquelas que puderem induzir a resposta, não tiverem relação com a causa ou importarem na repetição de outra já respondida. Parágrafo único. Sobre os pontos não esclarecidos, o juiz poderá complementar a inquirição." (Brasil, 1941a)

[2] Até porque, como adverte Edilson Mougenot Bonfim (2018, p. 225), "Não é plausível esse encargo atribuído ao presidente, que pode estar alheio às circunstâncias do fato, tendo sido obrigado a dar atenção a outras coisas de sua função administrativa [...]. Melhor seria o de confiar às próprias partes a inquirição, para que fossem diretamente aos pontos controvertidos e de interesse da causa".

constar o ocorrido em ata para futura discussão em eventual recurso, mesmo que remotas as chances de sucesso.

Ao final de cada oitiva, é possível ao jurado, na condição de destinatário final da prova, a formulação de perguntas às testemunhas e ao ofendido, o que é feito por intermédio do magistrado. Essa ressalva – da intermediação do juiz – é salutar e revela o cuidado da lei em não colocar em risco, diante da assertividade da pergunta, a incomunicabilidade dos jurados e o sigilo das votações. O ideal, assim, é que o jurado faça a pergunta por escrito ao juiz, que fará um filtro antes de submetê-la à testemunha.

Formas de inquirição

O *caput* do art. 473 do CPP adotou expressamente o sistema do *cross-examination* como técnica de inquirição, o que significa dizer que as partes podem questionar diretamente as testemunhas, tornando a inquirição mais dinâmica e permitindo que as respostas correspondam exatamente às indagações formuladas. Ademais, "no exame cruzado é possível fazer uma reinquirição a respeito dos fatos já abordados no primeiro exame, como também formular questões que tragam à luz elementos para a verificação da credibilidade do próprio depoente ou de qualquer outra testemunha" (Gomes Filho, 1997, p. 153), o que homenageia o princípio do contraditório.

É certo, contudo, que a sistemática implantada não anula o fato de que o juiz togado ainda é o presidente da sessão e deve zelar pelo andamento regular dos trabalhos, de maneira que pode (e deve) indeferir perguntas consideradas inadequadas, repetidas ou impertinentes. Aliás, em caso de abuso da parte, com indagações agressivas e hostis, é possível que o juiz excepcione a regra de perguntas diretas e determine que as perguntas sejam feitas por seu intermédio. Em caso de indeferimento das questões realizadas, é possível, à luz do art. 495, inciso XV, do CPP, o registro em ata, para que, demonstrado o prejuízo, a questão venha a ser eventualmente aventada em sede recursal.

No mais, ao passo que o parágrafo 1º prestigia a inquirição direta, nos termos do parágrafo 2º, como visto, para os questionamentos realizados pelos julgadores leigos, vale a técnica presidencialista.

Desistência de testemunhas

Questão interessante a respeito da oitiva das testemunhas em plenário refere-se à possibilidade ou não de a parte que arrolou dispensar determinada testemunha de forma potestativa, isto é, sem a necessidade de anuência da outra parte ou de autorização do juízo. A matéria é controversa e desperta enorme relevância de ordem prática.

Para aqueles que sustentam a impossibilidade dessa dispensa unilateral, uma vez arrolada pela parte, a testemunha passa a pertencer ao processo, não sendo cabível a liberação caso a outra parte se oponha ou mesmo quando houver insistência por parte do juiz ou do jurado. É a posição, por exemplo, de Mougenot Bonfim (2018, p. 221), para quem "arrolada a testemunha por uma das partes, criou-se uma promessa e uma expectativa de sua oitiva no Júri. Não se admite a 'surpresa' da desistência de última hora".

Entretanto, há os que entendem ser possível a renúncia sem necessidade de consulta ao adversário ou ao juízo, sendo direito da parte ouvir ou não a testemunha por ela exclusivamente arrolada. É a posição de Nucci (2018, p. 1015), para quem "antes da sessão ter início, pode a parte que arrolou a testemunha desistir livremente da sua inquirição. Depois de iniciados os trabalhos, a testemunha passa a ser do Tribunal do Júri, necessitando, pois, da concordância de todos para que seja dispensada [...]".

Esta última parece ser a posição mais acertada e a que encontra mais amparo na jurisprudência dos tribunais superiores[3]. De fato, a testemunha pertence à parte, isto é, é ela que tem o interesse na produção de determinada prova, podendo dela livremente abrir mão. Caso a parte adversa tivesse a intenção de ouvir a testemunha, deveria tê-la arrolado na fase do art. 422 do CPP, quando então funcionaria como testemunha comum e tornaria imprescindível a convergência de vontades para a dispensa.

É claro que a dispensa de testemunha pela parte, sem concordância da outra, ali, na frente dos jurados, revela-se estratégia arriscada, uma vez que pode ser explorada pela parte contrária no sentido de incutir nos julgadores leigos a reflexão acerca da razão pela qual lhe foi subtraída a apreciação de determinada prova.

---

3 Nessa esteira, destacamos o entendimento do Superior Tribunal de Justiça (STJ) no Agravo Regimental no Agravo em Recurso Especial n. 1.664.028/PR (Brasil, 2020b) e no Recurso Especial n. 942.407/SP (Brasil, 2015a).

Seja como for, a adoção de um ou de outro procedimento conduz, no máximo, à nulidade relativa, cabendo à parte insatisfeita demonstrar, de imediato, sua irresignação em ata, para, no futuro, discutir a questão no juízo *ad quem*, quando deverá demonstrar o prejuízo sofrido.

Requerimentos complementares

A lei possibilita que a instrução em plenário seja plena, sendo possível, às partes, requerimento de acareação, reconhecimento de pessoas e coisas, bem como solicitação de esclarecimentos adicionais dos peritos.

A acareação acontece nos moldes definidos pelo art. 229 do CPP e consiste na disposição frente a frente de pessoas que deram depoimentos dissonantes, para que haja um confronto das versões apresentadas. É admitida (a) entre acusados, (b) entre acusado e testemunha, (c) entre testemunhas, (d) entre acusado ou testemunha e a pessoa ofendida e (e) entre as pessoas ofendidas.

Ilustrativamente, a acareação pode ser requerida quando a testemunha A relatar a ocorrência de determinado fato e, logo na sequência, a testemunha B disser o contrário. Nesses casos, é possível que uma das partes ou um dos jurados requeira que ambas sejam ouvidas juntas, a fim de que se verifique – pela percepção atenta do julgador – quem forneceu a versão falaciosa. Assim, apesar de pouco usual, a acareação no júri é de grande valia, pois possibilita, mesmo que a testemunha reafirme o anteriormente dito, "uma análise das reações fisionômicas e psíquicas dos acareados [...]" (Bonfim, 2018, p. 226).

O reconhecimento, contudo, consiste na identificação de determinada pessoa ou coisa e é disciplinado de maneira pormenorizada pelo legislador no art. 226 do CPP. No que diz respeito ao reconhecimento em plenário, filiamo-nos ao posicionamento doutrinário no sentido de que, diante da dinâmica do julgamento, é despicienda a observância das formalidades enunciadas no art. 226 do CPP (como o posicionamento da pessoa a ser reconhecida ao lado de outras que sejam a ela semelhantes). Desse modo, durante a sessão de julgamento, é suficiente que a testemunha, questionada pela parte, aponte para o acusado e o reconheça (ou não) como o autor ou partícipe do crime (Cunha; Pinto, 2018).

Por fim, os esclarecimentos do perito ocorrem quando o *expert* tenha sido arrolado na oportunidade do art. 422 do CPP, de modo que deverá comparecer em plenário para ser inquirido pelas partes e pelos jurados, a respeito do exame pericial realizado. Essa técnica acaba por ser utilizada segundo o interesse de cada uma das partes, de maneira que tal profissional será questionado no intuito de reforçar ou colocar em dúvida os resultados alcançados pela perícia. Nesse ponto, não se pode perder de vista que, ao solicitarem a presença do perito em plenário, as partes devem, sob pena de preclusão probatória, atender ao disposto no art. 159, parágrafo 5º, inciso I, do CPP, apresentando de pronto as questões a serem por ele respondidas.

Falso testemunho em plenário

Outro ponto relevante relacionado à prova testemunhal refere-se ao crime de falso testemunho (art. 342 do Código Penal) ocorrido durante a sessão de julgamento. É da praxe no Tribunal do Júri – inclusive para causar maior impacto junto aos jurados – que a parte[14], em protesto aos dizeres supostamente mentirosos de determinada testemunha, requeira ao juízo a inclusão, na votação, de quesito referente ao crime de falso testemunho.

Com a votação assertiva, ou seja, reconhecido o crime de falso testemunho pelos jurados, a testemunha, ao final da sessão, será apresentada à autoridade policial para que seja lavrado o competente auto de prisão em flagrante (APF).

Não obstante tal costume, devemos anotar que a não inclusão do quesito não tem o condão de impossibilitar o futuro processamento da testemunha pelo crime do art. 342 do Código Penal, uma vez que, como ensina Mougenot Bonfim (2018, p. 229), "não sendo regra imperiosa a obrigatoriedade da quesitação, o promotor poderá, ulteriormente, requisitar diretamente da autoridade policial a instauração de inquérito (art. 5º, inciso II), ou até, conforme o caso, oferecer, desde logo, denúncia [...]."

Leitura de peças

Finalmente, o dispositivo em análise estipula o modo pelo qual o escrivão realizará a leitura de peças do processo durante o

---

4 Entendemos ser vedado ao jurado, sob pena de ofensa ao sigilo das votações, o requerimento de adição desse quesito à série de perguntas, sendo faculdade exclusiva da parte.

julgamento. Na sistemática anterior (antigo art. 466, § 1º), era possível que as partes solicitassem a leitura indiscriminada de peças do processo, prerrogativa que, muitas vezes, mostrava-se afrontosa, desgastante e desnecessária. Em verdade, não era incomum que determinada parte requeresse praticamente leitura integral dos autos, de modo a alongar o julgamento, conduzindo os jurados à exaustão e, em consequência, à desorientação.

A inovação trazida pelo legislador reformador de 2008 foi no sentido de limitar sensivelmente a leitura em plenário, tornando o julgamento mais dinâmico e coibindo os abusos. Na lógica atual, somente é possível proceder à leitura de provas que não podem ser repetidas diretamente diante dos jurados.

Assim, a lei define as peças cuja leitura é admitida, quais sejam: (a) provas colhidas por meio de carta precatória (como o depoimento de uma testemunha colhido em outra comarca); (b) provas cautelares (como uma escuta telefônica); (c) provas antecipadas (como uma testemunha que, doente, foi previamente ouvida e não comparecerá em plenário); e (d) provas não repetíveis (como o laudo de um exame de necropsia).

Por fim, vale anotar que essa limitação não importa em nenhuma perda à atividade cognitiva plena dos jurados, uma vez que seu acesso aos autos é irrestrito, sendo-lhes, inclusive, possível solicitar esclarecimentos suplementares diretamente ao juiz presidente (art. 480, parágrafos 1º e 2º, do CPP). E mais que isso: as peças processuais e as provas verdadeiramente importantes certamente serão exaustivamente exploradas pelos tribunos durante seu tempo de fala nos debates, municiando os julgadores na formação de suas convicções.

Art. 474. A seguir será o acusado interrogado, se estiver presente, na forma estabelecida no Capítulo III do Título VII do Livro I deste Código, com as alterações introduzidas nesta Seção.

§ 1º O Ministério Público, o assistente, o querelante e o defensor, nessa ordem, poderão formular, diretamente, perguntas ao acusado.

§ 2º Os jurados formularão perguntas por intermédio do juiz presidente.

§ 3º Não se permitirá o uso de algemas no acusado durante o período em que permanecer no plenário do júri, salvo se absolutamente necessário à ordem dos trabalhos, à segurança das testemunhas ou à garantia da integridade física dos presentes.

O interrogatório do réu, como exercício de sua autodefesa, reveste-se no derradeiro ato da instrução em plenário. Posiciona-se por último justamente para que o interrogado tenha conhecimento pleno do que foi dito sobre ele e a respeito dos fatos pelos quais está sendo acusado, podendo, assim, exercer absolutamente sua defesa.

Como já se asseverou, o réu tem direito de não comparecer, mas, se fazendo presente, será interrogado nos moldes dispostos nos arts. 185 a 196 do CPP, estando previstas expressamente a possibilidade de as partes fazerem reperguntas. Assim, após o juiz togado, o Ministério Público, o advogado do assistente de acusação e o defensor do acusado endereçarão, nesta ordem e de forma direta, seus questionamentos ao acusado. Ainda, após as partes, os jurados também poderão indagar o interrogado, mas o farão por intermédio do juiz-presidente, pela mesma razão referente à testemunha, ou seja, para salvaguardar o sigilo das votações e a incomunicabilidade dos jurados.

Presente o acusado, o interrogatório constitui ato imprescindível, e sua falta dá ensejo à nulidade (nos termos do art. 564, inciso III, alínea "e", do CPP). Frisamos que essa obrigatoriedade não macula o direito à não autoincriminação do acusado, uma vez que ainda lhe é concedida a prerrogativa de ficar em silêncio no momento das perguntas.

A oitiva do acusado ocorre necessariamente na presença do defensor, que pode, inclusive, requerer uma entrevista prévia e reservada com seu cliente/assistido, assim como acontece no procedimento comum.

É fundamental registrar que o princípio da plenitude da defesa encontra ampla consagração também no momento do interrogatório, de modo a possibilitar que o denunciado – mesmo que falte com a verdade ou desvirtue os fatos[15] – alegue tudo o que for de seu interesse, até porque seu desempenho em frente de seus julgadores pode ser determinante para seu futuro. Todavia,

---

5   Lembramos que, no âmbito do ordenamento jurídico brasileiro, não há tipificação para o falseamento da verdade pelo réu, somente pela testemunha e pelo perito (art. 342 do Código Penal).

é certo que isso não significa que o acusado (e sua variedade de argumentos) não possa ser confrontado pela acusação quando das reperguntas.

Imperioso anotar, ainda, que, se no procedimento comum, o ato do interrogatório consubstancia-se em significativo objeto de análise do juiz togado para a formação de sua convicção, em se tratando de Tribunal do Júri, a importância se eleva de forma exponencial. De fato, os reais destinatários das declarações do réu são os jurados, os quais não se encontram costurados por tecnicismos e podem ser levados a absolver ou a condenar por motivos totalmente desconhecidos. Diversas questões – por exemplo, o fato de o réu ser assíduo frequentador da igreja ou ter vários filhos pequenos que dele dependam – que se mostrariam irrelevantes para o juiz de direito podem assumir especial importância para os jurados.

Nesse ponto, ressaltamos que, apesar da advertência do juiz acerca de que eventual silêncio do réu não pode ser considerado em seu prejuízo, não é possível ignorar o fato de que, diante do Conselho de Sentença, sua quietude venha a ser vista com maus olhos, não se tendo como saber exatamente a maneira que o juiz leigo interpretará essa garantia do acusado. Como afirma Mougenot Bonfim (2018, p. 229), "nada, absolutamente nada, mister sob a égide do *due process of law*, com ampla possibilidade de defesa, justifica o silêncio resoluto de um inocente".

Uso de algemas

Finalmente, o parágrafo 3º do art. 474 do CPP estabelece a proibição do uso de algemas durante o período de permanência do réu em plenário, salvo em caso de absoluta necessidade à ordem dos trabalhos ou à segurança e à integridade física das testemunhas e dos demais presentes.

A preocupação do legislador foi no sentido de que a imagem do réu algemado pudesse impressionar os juízes leigos, gerando reação negativa à sua figura. Como expõe Aury Lopes Jr. (2013, p. 1.030-1.031), "para um jurado, a imagem do réu entrando e permanecendo algemado durante o julgamento, literalmente, valia mais do que mil palavras que pudesse a defesa proferir para tentar desfazer essa estética de culpado".

Entretanto, não nos parece que o uso de algemas tenha esse alcance todo. Inclusive, é possível que a imagem desolada do acusado em ferros no plenário possa despertar sentimento de piedade e compaixão no julgador leigo. Seja como for, se o acusado está preso, sendo a prisão processual excepcional, é porque a autoridade judicial o considera perigoso ou proposto à fuga, não se mostrando razoável ou mesmo recomendável a retirada das algemas, salvo, é claro, quando do momento do interrogatório, ocasião em que a liberdade para se expressar oral e gestualmente deve ser irrestrita.

Além disso, há outros elementos a serem observados pelos jurados, que podem ter efeito até mais nocivos do que o uso de algemas em si. De fato, de nada adianta retirar as algemas e o acusado ficar rodeado por policiais fortemente armados para garantir a segurança.

Enfim, exposta a discussão, o fato é que a lei determina que não sejam usadas as algemas, ao menos em regra. Não se trata de proibição absoluta, estando o magistrado autorizado, ao avaliar todo o contexto que envolve o julgamento – como no caso de notícia de tentativa de arrebatamento do preso, no caso de falta de policiamento suficiente etc. –, ordenar, de forma fundamentada, que o acusado seja mantido agrilhoado. Apesar da discricionariedade que lhe é conferida, o mais prudente, nesses casos, é o juiz consultar a força pública responsável pela segurança do local acerca da viabilidade ou não da retirada das algemas.

Registro dos depoimentos

Art. 475. O registro dos depoimentos e do interrogatório será feito pelos meios ou recursos de gravação magnética, eletrônica, estenotipia ou técnica similar, destinada a obter maior fidelidade e celeridade na colheita da prova.

Parágrafo único. A transcrição do registro, após feita a degravação, constará dos autos.

O registro dos depoimentos colhidos em plenário e do interrogatório será feito por meio de recursos de gravação, a fim de que se obter fidelidade e celeridade na colheita das provas.

Afora tais vantagens, a disposição também assume importância quando se volta a atenção para a questão recursal, pois, com todas as provas gravadas em vídeo, praticamente todo o acontecido no julgamento ficará assente, à disposição das partes, que podem, então, melhor discutir algum ponto de discordância junto ao Tribunal de Justiça ou Tribunal Regional Federal.

Quanto ao que estabelece o parágrafo único sobre a degravação dos registros, importante citar a publicação periódica *Jurisprudência em teses*, do Supremo Tribunal Federal (STF), que, em sua edição n. 29, na Tese n. 10, estabeleceu que "o registro audiovisual de depoimentos colhidos no âmbito do processo penal dispensa sua degravação ou transcrição, em prol dos princípios da razoável duração do processo e da celeridade processual, salvo comprovada demonstração de necessidade" (Brasil, 2015b).

Capítulo 12

Dos debates

Considerado o clímax do plenário, os debates são as falas de acusação e de defesa. Neste capítulo, abordaremos sua estrutura e sua funcionalidade.

Art. 476. Encerrada a instrução, será concedida a palavra ao Ministério Público, que fará a acusação, nos limites da pronúncia ou das decisões posteriores que julgaram admissível a acusação, sustentando, se for o caso, a existência de circunstância agravante.

§ 1º O assistente falará depois do Ministério Público.

§ 2º Tratando-se de ação penal de iniciativa privada, falará em primeiro lugar o querelante e, em seguida, o Ministério Público, salvo se este houver retomado a titularidade da ação, na forma do art. 29 deste Código.

§ 3º Finda a acusação, terá a palavra a defesa.

§ 4º A acusação poderá replicar e a defesa treplicar, sendo admitida a reinquirição de testemunha já ouvida em plenário.

A partir de seu art. 476, o Código de Processo Penal (CPP) disciplina a maneira pela qual serão desenvolvidos os debates, momento que representa o apogeu do julgamento, aguardado por todos que o acompanham.

Por meio dos debates orais, as partes adversas apresentam suas versões aos jurados, de modo a convencê-los de que determinada tese deve prosperar. Na chamada "arena do verbo", inicialmente faz uso da palavra o Ministério Público (ou querelante no raríssimo caso de ação penal privada), seguido do assistente de acusação e, por fim, da defesa. Ainda, abre-se a possibilidade de réplica para a acusação e, no caso de sua ocorrência, tréplica para a defesa.

Antes de analisarmos cada um dos temas, pela sabedoria da passagem, segue ensinamento ancestral de Frederico Marques (1997, p. 489), aplicável aos debates:

> O Júri não foi instituído para adestramento ou demonstração de eloquência forense, e sim para que o acusado seja submetido ao julgamento de seus pares, dos homens bons e probos que com o bom senso do leigo, saiba apreciar, com simplicidade e sabedoria prática, o ato de seu semelhante. Logo, o mais curial é que a exposição dos fatos e do crime seja clara e compreensível, diáfana e sóbria, e nunca, estampando erudição difícil, de mistura com lances patéticos e arroubos de eloquência prolixa, que em lugar de esclarecer e elucidar, apenas confundem e conturbam.

Ministério Público

Finalizada a instrução, com a oitiva das testemunhas presentes e o interrogatório do acusado, o juiz-presidente passa a palavra ao representante do Ministério Público, que é responsável por expor oralmente a acusação no tempo regulamentar de uma hora e meia (prazo estabelecido pelo art. 477 do CPP, conforme se verá adiante).

Anteriormente à Lei n. 11.689, de 9 de junho de 2008 (Brasil, 2008a), o promotor dava início aos debates com a leitura do libelo, nos termos do antigo art. 471 do CPP. Extinto o libelo, a acusação detém a faculdade de iniciar da maneira que entender mais conveniente. De qualquer modo, em geral, tribunos iniciam essa fase cumprimentando os presentes – juiz, jurados, serventuários, força pública, parte contrária, familiares, público etc. – para, somente então, adentrar o mérito da causa.

Importante frisar que, a despeito do *caput* do art. 476 do CPP apontar que o Órgão Ministerial "fará a acusação", o termo empregado é tecnicamente equivocado, desalinhado do perfil conferido à instituição pela Constituição Federal de 1988. Isso porque, na condição de guardião da ordem jurídica, o representante do Ministério Público tem o compromisso de sustentar sua interpretação jurídica dos fatos, e não necessariamente fazer um pedido condenatório[1].

Com efeito, apesar de não ser o que diuturnamente ocorre, é perfeitamente possível que, mesmo em momento processual adiantado, em que o réu já foi pronunciado, ao estudar o caso a ser debatido, o promotor de justiça se convença pela absolvição do acusado, seja pela inexistência de provas sólidas de autoria,

---

1   Diante da nova roupagem institucional que assumiu o Ministério Público, especialmente, no pós Constituição Federal de 1988, ultrapassada, nesse ponto, a lição dos eminentes Frederico Marques e Borges da Rosa, para quem não seria admitido ao Ministério Público desistir da palavra, sendo-lhe vedado pedir a absolvição do réu (Marques, 1997, p. 310; Rosa, 1942, p. 113-115).

seja pela ocorrência de excludentes de ilicitude ou culpabilidade. Não interessa ao Estado a condenação de um possível inocente, e, tratando-se de promovedor da justiça (e não de acusador profissional), a atuação do membro do Ministério Público deve ser no sentido de pugnar pela solução jurídica mais adequada e justa ao caso, que pode ser tanto no sentido condenatório quanto no absolutório ou mesmo desclassificatório.

Nesses mesmos termos, resume Renato Brasileiro de Lima (2017, p. 1.408):

> no plenário do júri, o Ministério Público é absolutamente livre para sustentar a procedência total ou parcial da pretensão acusatória, assim como a própria improcedência do pedido de condenação do acusado. Ao Estado não interessa a condenação de um inocente. Portanto, é possível que o Ministério Público faça sua sustentação oral pleiteando a absolvição do acusado, a desclassificação da conduta delituosa, o reconhecimento de uma atenuante ou de uma causa de diminuição de pena etc. Significa dizer que, a favor do acusado, a acusação não está vinculada à pronúncia.

Superado esse ponto, concluindo pela necessidade de procedência da pretensão acusatória, a atuação do Ministério Público em plenário está restrita aos termos da pronúncia ou das demais decisões posteriores, isto é, a acusação está vinculada à pronúncia, devendo o promotor ater-se a qualificadoras e causas de aumento ali constantes, sem extrapolar ou mesmo alterar a imputação outrora definida. A título de exemplo, no caso de o réu ter sido pronunciado por homicídio qualificado pelo motivo fútil, é plenamente admissível, como ressaltado, que o Ministério Público em plenário requeira aos jurados o afastamento da qualificadora a fim de condenar o réu apenas por homicídio simples, mas não é admissível que, noutro viés, além da qualificadora de motivo fútil, promova pelo reconhecimento do meio cruel, qualificadora não presente na pronúncia.

Podemos concluir, então, que a decisão de pronúncia, ao estabelecer "os limites" da acusação, enuncia um "teto" para o pedido ministerial, mas não um "piso", isto é, um limite mínimo para o requerimento.

Assistente de acusação

O assistente de acusação pode fazer uso da tribuna caso tenha pleiteado sua habilitação até 5 dias antes da sessão de julgamento, quando usufruirá parte do tempo destinado ao promotor. Desse modo, não há uma fala apartada da acusação principal, tomando-se a acusação como um todo único, mesmo que capitaneada pelo Ministério Público, o qual, nas ações penais públicas, é o responsável por decidir os rumos da imputação.

Querelante

Estabelece o parágrafo 2º do art. 476 do CPP que, nas excepcionais hipóteses em que se tratar de queixa-crime, ou então nos casos de ação penal privada subsidiária da pública, o querelante terá a palavra antes do Ministério Público, salvo se o

Órgão Ministerial tiver retomado a titularidade da ação penal (nos termos do art. 29 do CPP).

Defesa

Finalizada a acusação, a defesa fará sua sustentação aos jurados. No júri, a missão precípua do advogado de defesa é a busca da absolvição do acusado, demonstrando ao Conselho de Sentença a inexistência de provas suficientes para a condenação.

Não obstante, existem situações que, diante da robustez probatória em desfavor do réu, o pleito absolutório mostra-se inviável. Em tais casos – sob pena de até mesmo perder a credibilidade junto aos julgadores leigos –, do advogado, obviamente, não se exige que persiga uma absolvição impossível, mostrando-se mais inteligente a sustentação de outras teses defensivas que tenham maior chance de êxito, como o afastamento de uma qualificadora ou o reconhecimento de uma causa de diminuição de pena.

Ao defensor é possível, inclusive, que alegue tese distinta da trazida pelo próprio réu em interrogatório, quando, então, o juiz terá de formular quesitos acerca de ambas as proposições.

O que não se admite – sob pena de declarar-se o réu indefeso e dissolver o Conselho (art. 497, inciso V, do CPP) – é que o defensor concorde integralmente com a pretensão acusatória, não ventilando nada em favor do réu. De fato, tomando em conta os princípios informadores do júri, notadamente o da plenitude da defesa, é certo que a presença meramente formal do advogado é insuficiente para que se reconheça uma defesa efetiva. E por *defesa efetiva* não se entende necessariamente uma defesa longa, mas a que zele pelas garantias do acusado e intente uma situação jurídica que o favoreça.[12]

Em acréscimo, salientamos que não há irregularidade na coincidência de teses sustentadas pela defesa e pelo Ministério Público, como no caso em que ambos pleiteiam, por exemplo, o reconhecimento de um homicídio privilegiado. Apesar disso, em havendo deliberada composição prévia entre as partes, com censurável privação da exposição probatória aos jurados, estes deixam de ser soberanos, o que demanda a interferência do juiz-presidente, que pode, inclusive, dissolver o Conselho de Sentença e determinar a realização de novo julgamento.

Réplica e tréplica

Consoante prevê o parágrafo 4º do art. 476 do CPP, para além das falas iniciais, abre-se a possibilidade de réplica e tréplica, bem como a oportunidade de que testemunhas já ouvidas em plenário sejam reinquiridas.

A réplica nada mais é que uma faculdade, uma opção, do Ministério Público de retornar à fala, ou, como afirma Frederico Marques (1997, p. 490), "é um complemento da acusação". Assim, encerrada a exposição da defesa, o juiz-presidente questionará

---

2   De qualquer modo, na jurisprudência, são encontrados casos em que se reconheceu a nulidade do julgamento quando o advogado faz a sustentação oral por período muito curto, de modo a presumir a debilidade da defesa. Contudo, é fundamental observar que se trata de nulidade relativa, sendo imprescindível a demonstração de prejuízo, conforme já decidiu o Superior Tribunal de Justiça (STJ), como no Agravo Interno no Agravo em Recurso Especial n. 971.119/SP (Brasil, 2018a); Habeas Corpus n. 365.008/PB (Brasil, 2018h); Recurso Ordinário em Habeas Corpus n. 48.001/SP (Brasil, 2017c).

a acusação sobre se pretende valer-se de tal prerrogativa. Caso a resposta seja positiva, automaticamente a defesa terá direito à tréplica (sistemática que decorre da regra de que o acusado fala sempre em último lugar). No entanto, sendo negativa, não se dá sequência aos debates, que são considerados encerrados.

Ao que se vê na prática, não há uma regra acerca da conveniência ou não de o promotor voltar à réplica, cabendo a ele avaliar livremente se será produtivo o retorno para contradizer o alegado pela defesa ou mesmo para repisar os termos da imputação.

Nesse ponto, polêmica surge nos casos em que o Ministério Público não deseja utilizar o tempo de réplica, mas o assistente de acusação, ao contrário, insiste no retorno. Para nós, mesmo se reconhecendo a importância da assistência, nas ações públicas incondicionadas, os rumos da acusação devem ser estabelecidos exclusivamente pelo Ministério Público, cabendo ao seu representante a decisão de voltar ou não em réplica. A assistência é parte acessória, dispensável, e a ela cabe o simples auxílio ao promotor, de modo a salvaguardar os interesses da vítima ou de seus familiares[13]. De nada adianta uma atuação segura do promotor se, em desnecessária e cansativa réplica, segue sustentação atrapalhada e comprometedora por parte da assistência.

Ainda sobre a réplica, importante mencionar que, ao responder à indagação do juiz-presidente sobre seu uso, o agente ministerial deve limitar-se a dizer "sim" ou "não", não lhe sendo lícito

---

3   Mesma posição de Walfredo Campos (2018, p. 243).

tecer qualquer comentário adicional. Caso afirme, por exemplo, que "não há necessidade de réplica, já a defesa não conseguiu desconstruir as provas do processo", tal comentário é suficiente para fornecer à defesa o direito integral de treplicar.

Acerca da tréplica, como visto, sua possibilidade exsurge tão somente no caso de que tenha havido réplica. Não havendo réplica, não há tréplica, sem que isso represente qualquer ofensa ao contraditório ou à ampla defesa. Aliás, a própria utilização do tempo de fala para tréplica fica a critério do advogado, que pode, avaliando a situação, dela abrir mão, sem que isso, em regra, enseje prejuízo ao julgamento. Assim, do mesmo modo que a réplica é uma faculdade do Ministério Público, a tréplica também não encerra obrigação à defesa, ainda que o habitual seja sua utilização.

Inovação defensiva na tréplica

Outro assunto que provoca ferrenha discussão doutrinária refere-se à possibilidade ou não de a defesa, em tréplica, invocar tese até então não suscitada. A título ilustrativo, pensemos no caso em que, durante toda a sua primeira fala, a defesa tenha sustentado apenas a negativa de autoria (afirmando tão somente não ter sido o réu o responsável pela ação delitiva), mas, ao retornar em tréplica, passa a levantar a tese de legítima defesa. O promotor – que se limitou a tentar demonstrar a autoria sem adentrar o exame dos requisitos da legítima defesa – ficaria impossibilitado de exercer o contraditório e apresentar o contraponto argumentativo à inovação defensiva.

Os defensores dessa possibilidade de mudança escoram-se na plenitude de defesa, conferindo superlativa amplitude ao princípio, o qual estaria a autorizar a sustentação de qualquer tese, a qualquer momento, restando ao promotor a confrontação por meio de apartes.

Aderindo a esse entendimento, Nucci (2018) aduz que seria perfeitamente possível o defensor, julgando pertinente, trazer tese distinta na tréplica, devendo prevalecer o interesse do réu ao da acusação. Segundo o autor, não haveria ofensa ao contraditório, pois não existe a necessidade de se confrontar teses jurídicas, ao passo que, no próprio procedimento comum, após as alegações finais das partes, o processo já segue diretamente à decisão, não havendo obrigação do juiz em tomar novo pronunciamento do Ministério Público, independentemente do que houver argumentado a defesa.

Uma segunda posição sobre o tema busca uma solução conciliadora, em que se salvaguardaria, a um só tempo, a plenitude de defesa e o contraditório. Para essa corrente, admite-se a inovação defensiva na tréplica, mas, nesse caso, deve ser em seguida concedida a palavra à acusação pelo mesmo prazo.

Sem desmerecer essas linhas argumentativas, com a devida vênia, alinhamo-nos à concepção de que não é cabível, à defesa, a inovação de tese na tréplica.[14] Em verdade, deve, nessa colisão de princípios constitucionais (art. 5º, inciso XXXVIII, alínea "a" e art. 5º, inciso LV, da Constituição Federal), a plenitude de

---

4   Além de outros, também é a posição de Walfredo Campos (2018, p. 259).

defesa ceder espaço ao contraditório, o qual assume, nesse particular, uma dimensão de peso maior[15].

Nessa lógica, é absolutamente possível uma defesa plena e eficiente sem que tenha de se recorrer a essa ferramenta, que, além do contraditório, afronta a lealdade processual e a vedação de surpresa (com consagração manifesta no procedimento do júri no art. 479 do CPP).

O argumento de que, no procedimento comum, não há necessidade de se devolver a palavra ao órgão acusatório não convence, mostrando-se inaplicável ao júri. Veja-se, o juiz conhece o direito, o jurado, não. Isso, por si só, conduz à imperiosidade de se contraditar não só provas e fatos, mas também teses jurídicas.

Basta imaginar a situação em que somente na tréplica a defesa alegue excesso culposo na legítima defesa e o representante do Ministério Público reste impossibilitado de explicar (ou mesmo tenha de fazê-lo em parcos minutos, pela via dos apartes) aos jurados o que é legítima defesa, o que é excesso, o que é culpa e quais seriam as consequências do reconhecimento dessa tese para fins de pena. Ao se indagar, na votação, se o excesso decorreu de imprudência, ante o desconhecimento técnico, sem saber interpretar juridicamente a questão, é provável que o Conselho de Sentença – mesmo que involuntariamente – aniquile quase que por completo a pretensão punitiva do Estado.

---

5   Ao tratar dos princípios, o autor estadunidense Robert Dworkin (2007) ensina que eles são normas dotadas de uma "dimensão de peso" (*dimension of weight*) ou importância. Na hipótese de colisão com outro princípio, um deles prevalecerá sobre o outro, sem que isso mitigue a validade do princípio que teve sua eficácia diminuída.

Também não parece ser solução benéfica a apresentada pela segunda corrente, de – em caso de tréplica inovadora – conferir nova oportunidade de fala à acusação. Em primeiro lugar, porque não há previsão legal nesse sentido e, em segundo, tal situação poderia levar a sucessivas falas das partes sempre que se entendesse ter havido alteração na sustentação, arrastando indefinida e indesejadamente o julgamento.

Assim, réplica e tréplica devem ser tomadas como complementos das falas iniciais (Marques, 1997), nas quais se firmam os posicionamentos e as teses das partes, e não como instrumentos para surpresas e subterfúgios.

Reinquirição de testemunhas

O pedido de reinquirição pode ser formulado tanto pelas partes quanto pelos jurados, mas a verdade é que, na prática, acaba sendo expediente não muito comum, pois a parte que requereu tal providência deve usar seu tempo de fala para ouvir a testemunha.

Ainda, não podemos desprezar que os julgamentos no tribunal do júri costumam ser longos e cansativos não apenas para os jurados, mas também para os oradores, de modo que oitiva de testemunha que já foi ouvida momentos antes acaba se revelando medida desnecessária, a qual pode, inclusive, vir a ser indeferida pelo juiz-presidente, nos termos do art. 497 do CPP.

> Art. 477. O tempo destinado à acusação e à defesa será de uma hora e meia para cada, e de uma hora para a réplica e outro tanto para a tréplica.
>
> § 1º Havendo mais de um acusador ou mais de um defensor, combinarão entre si a distribuição do tempo, que, na falta de acordo, será dividido pelo juiz presidente, de forma a não exceder o determinado neste artigo.
>
> § 2º Havendo mais de um acusado, o tempo para a acusação e a defesa será acrescido de uma hora e elevado ao dobro o da réplica e da tréplica, observado o disposto no §1º deste artigo.

O artigo 477 do CPP estabelece como serão organizados os tempos de fala. Consoante dispõe o *caput* do dispositivo, as sustentações iniciais – tanto da acusação quanto da defesa – terão a duração de uma hora e 30 minutos, e a réplica e tréplica terão uma hora cada.

Havendo mais de um acusador ou mais de um defensor, o tempo de fala não será aumentado, ficando a cargo dos promotores e advogados dividirem entre si o tempo de sustentação, e, caso não entrem acordo, haverá intervenção do juiz presidente, que deliberará a respeito. Aqui, é importante asseverar que, em caso de desacordo entre o Ministério Público e a assistência de acusação, não se admite a divisão equânime do tempo de fala[16], garantindo-se ao órgão acusador principal um período consideravelmente maior. No caso de desacordo entre os advogados do réu, em sendo o mesmo fato delituoso, a divisão por igual parece ser a melhor solução.

Havendo mais de um acusado, o tempo para a acusação e para a defesa será de 2 horas e 30 minutos de fala inicial, e réplica e tréplica acontecerão em 2 horas cada. Veja-se que o art. 477 do CPP dispõe apenas sobre os casos em que há "mais de um acusado", de modo que se forem dois ou dez réus, o tempo de fala será o mesmo.

Nessas situações, se os diversos réus forem patrocinados por advogados distintos, cada um dos patronos pode acabar por ter um curto espaço de tempo para expor seus argumentos, sendo comum que as defesas formulem requerimentos de extensão do tempo de debates, entretanto, seu deferimento deve ser excepcional. Com efeito, tal dilação implicaria prolongamento exacerbado da sessão de julgamento e inegável impacto negativo nos julgadores leigos, que, exaustos, poderiam não tratar o caso com o cuidado necessário. Considerando que tanto o Ministério Público quanto a defesa dispõem de 2 horas e 30 minutos de falas iniciais, e mais 2 horas de réplica e tréplica cada, sem nenhum tipo de extensão, os debates já têm a duração de 9 horas.

Ademais, ressaltamos que a manutenção do prazo legal de debates em casos envolvendo diversos réus não configura ofensa à paridade de armas, uma vez que o membro do Ministério

---

6   Nesse sentido, ver: Campos, 2018, p. 243.

Público, também no tempo legalmente determinado, deverá acusar individualmente todos os réus, além de rebater a argumentação de múltiplos advogados.

Por fim, é possível se valer do desmembramento dos autos quando são muitos os réus, mas o expediente é exceção, uma vez que o recomendável é que sejam todos julgados, pelos mesmos fatos, em uma única ocasião, a fim de se resguardar o princípio da isonomia e evitar decisões diferentes em casos iguais.

> Art. 478. Durante os debates as partes não poderão, sob pena de nulidade, fazer referências:
> I – à decisão de pronúncia, às decisões posteriores que julgaram admissível a acusação ou à determinação no uso de algemas como argumento de autoridade que beneficiem ou prejudiquem o acusado;
> II – ao silêncio do acusado ou à ausência de interrogatório por falta de requerimento, em seu prejuízo.

O art. 478 do CPP impõe limites à explanação das partes durantes os debates. Nesse propósito, ficam estabelecidas matérias que não podem, sob pena de nulidade, ser versadas quando do processo de convencimento dos jurados.

Ao prever tais vedações, o objetivo central do dispositivo é garantir que a cognição dos juízes leigos permaneça concentrada na prova dos autos, impedindo possíveis distorções ante os chamados *argumentos de autoridade*, tidos como aqueles que se legitimam por si mesmos, sem necessidade de validação argumentativa.

Dessa forma, em seu discurso, Ministério Público e defesa não podem fazer referências à decisão de pronúncia (ou demais decisões que tenham julgado a admissibilidade da acusação), à determinação do uso de algemas ou ao silêncio do acusado, pois, no entender do legislador, esses fundamentos, em raciocínio retórico, poderiam sobrepujar-se aos elementos probatórios existentes nos autos, conduzindo a eventuais injustiças.

De qualquer modo, não desmerecendo a intenção do legislador, cremos inconstitucional as previsões constantes no comando trazido pela Lei n. 11.689/2008. De fato, por meio dele, impõe-se censura às partes, em nítido afrontamento ao seu direito de liberdade de manifestação (art. 5º, inciso IX, da Constituição Federal). Além disso, tolhe-se dos jurados – juízes constitucionais da causa, que devem ser municiados com o maior número de informações possíveis – argumentação válida, baseada em peças e elementos processuais lícitos, constantes do processo.

Na mesma linha, o que se sustenta é que cabe à outra parte contrapor as alegações do adversário, mostrando a falácia ou desonestidade argumentativa. Como bem lembra Nucci (2018), os jurados são leigos, mas não tolos, não cabendo ao legislador tutelar a inteligência alheia[17]. Acrescentamos, ainda, que não há como saber ao certo, ante o sigilo das votações, qual argumento convenceu o jurado, sendo qualquer afirmação nesse sentido mera suposição.

Não obstante o registro, importa anotar que, de modo a não engessar ainda mais o discurso, ao menos é copiosa a jurisprudência dos tribunais superiores no sentido de que o art. 478 do CPP encerra rol taxativo de proibições[18], inadmitindo-se interpretação ampliativa[19]. E, sendo assim, não há oposição legal à leitura de decretos que determinam ou revogam a prisão preventiva ou mesmo decisões do Tribunal de Justiça submetendo o réu a novo júri, que, invariavelmente, apresentam linguagem muito mais contundente que a pronúncia.

Finalizando a questão, em regra, referências a alguma das proibições legais dão causa à nulidade relativa, sendo indispensáveis a consignação em ata pela parte contrária e a demonstração de prejuízo em eventual enfrentamento recursal. Dessa maneira, não se admite que qualquer menção ou citação aos

---

7   Do mesmo modo que sustentamos, para o referido autor, as proibições presentes no art. 478 do CPP são inconstitucionais (Nucci, 2018). Também essa é a posição de Mougenot Bonfim (2018), para quem o artigo em comento distancia-se, a um só tempo, da lógica e da concepção de um processo penal verdadeiramente democrático.

8   Nessa linha já decidiu diversas vezes o STJ: Agravo Regimental no Habeas Corpus n. 528.503/SC (Brasil, 2020f); Agravo Regimental no Recurso Especial n. 1.815.618/RS (Brasil, 2020c); Agravo Regimental no Agravo em Recurso Especial n. 1.632.413/SP (Brasil, 2020a); Agravo Regimental no Recurso Especial n. 1.814.988/PR (Brasil, 2019b).

9   Em sentido contrário, Gustavo Henrique Badaró (2012), para quem falas ou referências a elementos que podem levar o jurado a erro, como a leitura de um decreto preventivo, devem ser proibidas.

fatores elencados conduzam à anulação de julgamento complexo e desgastante, como regularmente ocorre no Tribunal do Júri.

Menção à pronúncia

Seja para prejudicar o réu, seja para beneficiá-lo, é vedada a referência à pronúncia na condição de argumento de autoridade. Desse modo, é ilícito ao promotor afirmar que o juiz apenas pronunciou o acusado porque sabe que ele é culpado. Também está proibido o defensor ler argumentação do juiz na pronúncia afastando qualificadoras ou concedendo a liberdade ao pronunciado.

Entretanto, registramos que a mera leitura da decisão em plenário não configura nulidade (Brasil, 2017d), mesmo porque careceria de lógica a conduta, uma vez que os jurados inclusive recebem cópia da pronúncia no início do julgamento (consoante parágrafo único do art. 472 do CPP). O que se obsta é a utilização da decisão como argumento de autoridade, de modo a desfigurar sua característica de mero juízo de admissibilidade da acusação.

Uso de algemas

Já asseveramos que a utilização de algemas durante o tempo de permanência do réu em plenário é providência excepcional. Contudo, nos casos em que o juiz presidente entende pela sua necessidade, não é permitido que o membro do Ministério Público faça menção a essa providência, de modo a incutir nos jurados que o réu é perigoso. Por outro lado, isonomicamente, também é incabível ao defensor se valer do argumento de que o réu não está algemado e, portanto, é pessoa tranquila, que não oferece perigo a ninguém e, por isso, merece ser absolvido.

Menção ao silêncio do acusado

A mesma lógica se estende para o exercício do silêncio, que é direito constitucional do réu (art. 5º, inciso LXIII, da Constituição Federal), cujo exercício não pode ser usado, durante os debates, como argumento para o convencimento do Conselho de Sentença.

Referido impedimento – também decorrência do parágrafo único do art. 186 do CPP, que dispõe que o silêncio não pode ser interpretado em prejuízo do acusado – é aplicável especialmente ao Ministério Público, que não pode bradar, por exemplo, que, se o réu fosse inocente, ao contrário de silenciar, bravejaria pela sua inocência.

Art. 479. Durante o julgamento não será permitida a leitura de documento ou a exibição de objeto que não tiver sido juntado aos autos com a antecedência mínima de 3 (três) dias úteis, dando-se ciência à outra parte.

Parágrafo único. Compreende-se na proibição deste artigo a leitura de jornais ou qualquer outro escrito, bem como a exibição de vídeos, gravações, fotografias, laudos, quadros, croqui ou

> qualquer outro meio assemelhado, cujo conteúdo versar sobre a matéria de fato submetida à apreciação e julgamento dos jurados.

A regra no processo penal, segundo o art. 231 do CPP, é a permissão da apresentação de documentos em qualquer fase do processo. Esse próprio dispositivo, entretanto, ressalva casos expressos em lei em que há limitação a essa faculdade das partes. O art. 479 do CPP, norteando-se pelos princípios da lealdade processual e da vedação da surpresa, configura-se em uma dessas exceções.

Em razão dele, durante o júri, não é permitida a leitura de documento ou a exibição de objeto que não tenha sido juntado aos autos com a antecedência mínima de 3 dias úteis, com a devida ciência da parte contrária.

A proibição ainda abrange a leitura ou a exibição de jornais, vídeos, gravações, fotografias, laudos, quadros, croquis ou outros documentos assemelhados, que versem sobre a matéria submetida à análise dos jurados.

Por meio da restrição, busca-se impedir que a parte contrária seja surpreendida, no transcurso da sessão plenária, com a exposição de peça, objeto, áudio, manuscrito ou qualquer outro documento cujo conteúdo era por ela desconhecido. Com a apresentação dias antes do julgamento, além de se evitar a surpresa, possibilita-se à parte o exame da autenticidade da documentação juntada pelo adversário, garantindo-se um contraditório efetivo, com a apresentação de possível contraprova.

Para se chegar à data-limite, o cômputo se dá a partir do dia do julgamento, retornando-se 3 dias úteis no tempo. Antes da Lei n. 11.689/2008, bastava que a juntada do documento fosse realizada com antecedência mínima 3 dias, mas, com a nova legislação, esses 3 dias devem ser dias úteis. Assim, em um julgamento aprazado para quarta-feira, a documentação que se pretende utilizar em plenário deve ser levada aos autos até, no máximo, quinta-feira da semana anterior, alcançando-se o patamar mínimo de 3 dias úteis inteiros (sexta-feira, segunda-feira e terça-feira) anteriores à sessão[10].

Não se incluem na proibição a referência ou a distribuição de peças já existentes processo, assim como a leitura de jurisprudência, pois são de presumido conhecimento de todos os atuantes no julgamento. Da mesma maneira, não se proíbe que acusação ou defesa leiam trabalhos e livros jurídicos, ou de psiquiatria, pertinentes a problemas científicos ou legais que a causa suscite.

Ainda, não há impedimento quando o documento ou a matéria jornalística versar sobre questões genéricas, permitindo-se a utilização sem a necessidade de comunicação prévia à parte contrária. Ilustrando, se o Ministério Público, de um lado, pretende a exibição de um vídeo sobre o aumento da violência nas

---

10 No ponto, é pacífico o entendimento do STJ: Agravo Regimental no Habeas Corpus n. 602.291/SC (Brasil, 2020h); Agravo Regimental no Recurso Especial n. 1.828.768/MS (Brasil, 2020e); Agravo Regimental no Recurso Especial n. 1.717.600/MS (Brasil, 2018e).

cidades diante da impunidade, ou, de outro lado, a defesa deseja a apresentação de documentário sobre as péssimas condições de nosso sistema carcerário, podem fazê-lo sem óbice algum[11].

Em outras palavras, só há restrição – havendo necessidade de inserção dentro do prazo estabelecido no art. 479 do CPP – quando o documento ou a matéria jornalística guardar relação direta com os fatos apurados no processo, como a juntada de antecedentes de uma testemunha que irá depor em plenário ou mesmo cópias de outros autos em que o réu também figurou como acusado ou foi condenado.

No caso de a parte postular o uso de documento novo, relacionado ao processo e que não tenha sido juntado a tempo, pensamos que o indeferimento deve ser realizado de plano pelo juiz presidente, sem consulta à parte contrária. Destarte, não deve o magistrado questionar o tribuno surpreendido sobre se concorda ou não com a utilização da peça apresentada, sob pena de este se ver em situação delicada. Como esclarece Aury Lopes Jr. (2013), se aceitar, estará em situação de desvantagem; se não aceitar, aguçará a curiosidade do jurado sobre a prova indeferida, o que lhe traria imenso prejuízo.

Finalizando a questão, não havendo respeito à previsão legal, tem prevalecido que resta caracterizada nulidade relativa, a qual depende de arguição imediata e de comprovação de prejuízo (Cunha; Pinto, 2020). Não obstante, a nós parece ser nítida

---

11 Sobre o tema, citamos a jurisprudência do STJ: Agravo Regimental no Recurso Especial n. 1.404.758/SP (Brasil, 2017b) e Agravo Regimental no Recurso Especial n. 1.654.684/SP (Brasil, 2018g).

a violação de princípio constitucional – o contraditório –, conduzindo à nulidade absoluta, com prejuízo presumido[12].

Art. 480. A acusação, a defesa e os jurados poderão, a qualquer momento e por intermédio do juiz presidente, pedir ao orador que indique a folha dos autos onde se encontra a peça por ele lida ou citada, facultando-se, ainda, aos jurados solicitar-lhe, pelo mesmo meio, o esclarecimento de fato por ele alegado.

§ 1º Concluídos os debates, o presidente indagará dos jurados se estão habilitados a julgar ou se necessitam de outros esclarecimentos.

§ 2º Se houver dúvida sobre questão de fato, o presidente prestará esclarecimentos à vista dos autos.

§ 3º Os jurados, nesta fase do procedimento, terão acesso aos autos e aos instrumentos do crime se solicitarem ao juiz presidente.

Indicação de folhas

Durante seu discurso, é usual que oradores façam referências a peças e provas do processo. Tomando isso em conta, cuidou o art. 480 do CPP de expressamente outorgar às partes e aos jurados a possibilidade de solicitar ao expositor, de modo a ser

---

12 Nesse sentido, sugerimos consultar Lima (2016, p. 1231).

possível localizar e confirmar a existência do trecho mencionado, que indique a folha dos autos a que se está referindo. Dessa maneira, busca-se desencorajar atitudes desleais de tribuno mal-intencionado, no sentido de fazer alusão a documento não existente no processo ou de deturpar seu conteúdo

Além disso, os jurados – sem que isso consubstancie quebra da incomunicabilidade – podem requerer esclarecimentos complementares ao expositor sobre determinado fato por ele abordado. Observe-se que essa faculdade é conferida apenas aos jurados, não se estendendo à parte adversa. Esta deve esclarecer ou rebater argumentos durante seu momento de fala ou mesmo mediante apartes.

Esclarecimentos pelo juiz

Concluídos os debates, os jurados serão questionados se estão aptos a julgar a causa ou se necessitam de esclarecimentos adicionais.

Sendo o caso, o juiz presidente pode aclarar os jurados acerca de questões fáticas, de acordo com o que consta dos autos. As informações fornecidas pelo magistrado devem ser objetivas, esclarecendo com parcimônia o indagado, de modo a não intervir indevidamente no ânimo dos julgadores leigos.

Atento à natureza da matéria julgada pelos jurados, aponta o Código que os esclarecimentos se limitam a questões de fato, não devendo o magistrado tecer comentários sobre eventuais questões jurídicas a ele direcionadas (como se de fato estariam presentes os requisitos da legítima defesa, por exemplo). Aliás, é sempre recomendável que o juiz advirta os jurados para que tenham cuidado em seus questionamentos, de modo a evitar a antecipação do voto.

Finalmente, como destinatários finais da prova, se assim solicitarem, antes da votação, os jurados terão acesso integral aos autos e aos instrumentos do crime porventura apreendidos.

Art. 481. Se a verificação de qualquer fato, reconhecida como essencial para o julgamento da causa, não puder ser realizada imediatamente, o juiz presidente dissolverá o Conselho, ordenando a realização das diligências entendidas necessárias.

Parágrafo único. Se a diligência consistir na produção de prova pericial, o juiz presidente, desde logo, nomeará perito e formulará quesitos, facultando às partes também formulá-los e indicar assistentes técnicos, no prazo de 5 (cinco) dias.

Caso se verifique questão de fato essencial para o julgamento da causa e que não possa ser resolvida imediatamente (por exemplo, a realização de exame de sanidade mental no acusado), impõe-se a dissolução do Conselho de Sentença, aprazando-se novo julgamento, já com as determinações para a realização da diligência tida como imprescindível. Obviamente, se a atividade puder ser feita desde logo, em curto espaço temporal, como é o caso de condução de testemunha referida ao plenário, a sessão será apenas suspensa, retornando assim que se efetive o determinado.

Se necessária a realização de prova pericial, o magistrado procederá à nomeação de perito, com formulação dos respectivos quesitos, o que também será oportunizado às partes no prazo de 5 dias, período em que também podem indicar assistente técnico.

Na hipótese de dissolução do Conselho de Sentença, a fim de evitar contaminação prévia do julgador, independentemente da motivação, os jurados convocados para a nova sessão de julgamento não podem ser os mesmos que funcionaram no julgamento inicial, nos termos da Súmula n. 206 do Supremo Tribunal Federal (STF), a qual estabelece ser "nulo o julgamento ulterior pelo júri com a participação de jurado que funcionou em julgamento anterior do mesmo processo" (Brasil, 1964c).

No mais, tenha sido realizado pelas partes ou pelos jurados, cabe ao juiz-presidente decidir sobre a pertinência do requerimento formulado e, entendendo ser diligência prescindível ou protelatória, indeferir sua realização, quando, então, os jurados devem julgar de acordo com os elementos e as provas até então produzidos.

Capítulo 13

Do questionário de votação

O Código de Processo Penal (CPP) disciplina detalhadamente a porção mais decisiva de todo o julgamento, que é justamente o momento da votação, quando os jurados darão seu veredito por meio de respostas aos quesitos formulados pelo juiz presidente. Vejamos a seguir.

> Art. 482. O Conselho de Sentença será questionado sobre matéria de fato e se o acusado deve ser absolvido.
> Parágrafo único. Os quesitos serão redigidos em proposições afirmativas, simples e distintas, de modo que cada um deles possa ser respondido com suficiente clareza e necessária precisão. Na sua elaboração, o presidente levará em conta os termos da pronúncia ou das decisões posteriores que julgaram admissível a acusação, do interrogatório e das alegações das partes.

Quesito nada mais é que uma "indagação objetiva, espelhando uma questão de fato, embora possam conter aspecto jurídico, destinada aos jurados, durante a votação, para atingir o veredito, a ser respondida de maneira sintética, na forma afirmativa ou negativa" (Nucci, 2018, p. 267). Complementarmente, o termo *questionário* é empregado pelo legislador para se referir ao conjunto de quesitos a serem respondidos.

Dessa forma, no momento da votação, os jurados são questionados sobre a matéria de fato, bem como se o acusado deve ser absolvido. De maneira expressa, indica o art. 482 do CPP, em seu parágrafo único, que os quesitos devem ser redigidos em proposições afirmativas, simples e distintas, de modo que possam ser facilmente respondidos pelos julgadores leigos.

O dispositivo estabelece, também, que o juiz togado, ao elaborar os quesitos, deve levar em conta o teor da pronúncia (ou decisões posteriores equivalentes, como o acórdão que julgou eventual recurso em sentido estrito), sendo correto afirmar que existe uma correlação necessária entre quesitação e pronúncia.

No mais, para fins de quesitação, são ainda considerados pelo juiz o interrogatório e as teses aventadas pelas partes no momento dos debates. Dessa maneira, especialmente os argumentos trazidos pela defesa técnica e pelo réu, em sua autodefesa, constarão dos questionamentos feitos aos jurados. No ponto, importante consignar que não se admite que o juiz, de ofício, inclua tese de defesa não requerida em plenário, uma vez que a plenitude de defesa não inclui a parcialidade do magistrado.

Art. 483. Os quesitos serão formulados na seguinte ordem, indagando sobre:

I – a materialidade do fato;

II – a autoria ou participação;

III – se o acusado deve ser absolvido;

IV – se existe causa de diminuição de pena alegada pela defesa;

V – se existe circunstância qualificadora ou causa de aumento de pena reconhecidas na pronúncia ou em decisões posteriores que julgaram admissível a acusação.

§ 1º A resposta negativa, de mais de 3 (três) jurados, a qualquer dos quesitos referidos nos incisos I e II do caput deste artigo encerra a votação e implica a absolvição do acusado.

§ 2º Respondidos afirmativamente por mais de 3 (três) jurados os quesitos relativos aos incisos I e II do caput deste artigo será formulado quesito com a seguinte redação:

O jurado absolve o acusado?

§ 3º Decidindo os jurados pela condenação, o julgamento prossegue, devendo ser formulados quesitos sobre:

I – causa de diminuição de pena alegada pela defesa;

II – circunstância qualificadora ou causa de aumento de pena, reconhecidas na pronúncia ou em decisões posteriores que julgaram admissível a acusação.

§ 4º Sustentada a desclassificação da infração para outra de competência do juiz singular será formulado quesito a respeito, para ser respondido após o 2º (segundo) ou 3º (terceiro) quesito, conforme o caso.

§ 5º Sustentada a tese de ocorrência do crime na sua forma tentada ou havendo divergência sobre a tipificação do delito, sendo este da competência do Tribunal do Júri, o juiz formulará quesito acerca destas questões, para ser respondido após o segundo quesito.

> § 6º Havendo mais de um crime ou mais de um acusado, os quesitos serão formulados em séries distintas.

Na sequência, o art. 483 do CPP detalha a quesitação, estabelecendo a sequência a ser seguida pelo juiz-presidente ao confeccionar o questionário.

Simplificação dos quesitos

Inicialmente, enuncia-se a ordem de formulação dos quesitos, de modo que os jurados, na seguinte sequência, serão perguntados: (a) sobre a materialidade do fato; (b) sobre a autoria ou participação; (c) se o acusado deve ser absolvido; (d) se existe causa de diminuição de pena alegada pela defesa; (e) se existe circunstância qualificadora ou causa de aumento de pena reconhecida na pronúncia ou em decisões equivalentes.

A proposta trazida pelo legislador de 2008 foi de simplicidade e clareza, pois várias eram as críticas doutrinárias feitas ao complexo procedimento de quesitação anteriormente vigente, frequentemente ensejador de nulidades diversas (Lima, 2016), Procurou-se, assim, superar as dificuldades de compreensão na ocasião da votação, momento já naturalmente tenso, com vistas a minimizar a ocorrência de discrepância entre a vontade do jurado e o voto por ele depositado na urna.

Com a simplificação da formulação dos quesitos – sem desdobramentos das teses das partes em vários quesitos, como no modelo anterior –, o sistema de votação brasileiro aproximou-se do sistema anglo-americano, afastando-se do até então consagrado sistema francês. Com efeito, no sistema anglo-americano, os jurados, agrupados em sala secreta, deliberam tão somente se o acusado é culpado ou inocente (*guilt or not guilt*). Já no sistema francês, os jurados decidem sobre o fato criminoso e suas circunstâncias, havendo um longo e fracionado questionário a ser respondido até que se encontre a solução jurídica para o caso em julgamento[1]. No Brasil, com o advento da Lei n. 11.689, de 9 de junho de 2008, podemos dizer que se consagrou um modelo misto de votação, em que se mantém o sistema de quesitação, mas de forma muito mais simplificada, com condensação das teses em poucas perguntas (Brasil, 2008a).

Materialidade e autoria

O primeiro quesito é pertinente à própria existência material do crime. Na prática, pouco se discute acerca desse ponto, uma vez que, no mais das vezes, há laudo de necropsia ou laudo de lesões corporais, atestando, respectivamente, a ocorrência de homicídio consumado ou tentado. De qualquer forma, questiona-se: "No dia tal, fulano de tal foi alvo de disparos de arma de fogo, os quais acarretaram as lesões descritas no laudo de fls., que foram causa de sua morte?".

Acompanhamos Aury Lopes Jr. (2013) no sentido de ser dispensável a fragmentação do quesito no caso de a defesa alegar ausência de nexo causal entre a conduta e o resultado. Como

---

1   Nesse sentido, ver: Marques, 1997, p. 69.

bem ressalta o autor, "quando a defesa alegar inexistência de nexo causal (art. 13, § 1º, do Código Penal), a questão poderá ser resolvida com a recusa a esse primeiro quesito, como também aqui será decidida a causa penal quando a tese defensiva for de inexistência do fato".[2]

De qualquer modo, o mais importante é que haja pleno conhecimento do jurado acerca do objeto da votação, ficando ao prudente critério do juízo eventual o desmembramento do quesito da materialidade, não se vislumbrando prejuízo às partes na adoção ou não dessa opção.

Seguindo, de acordo com o parágrafo 1º do art. 483 do CPP, caso mais de três jurados respondam negativamente sobre a materialidade do fato, a votação será encerrada, e o réu, absolvido. Sendo positiva a materialidade, ou seja, se mais de três jurados votaram pelo seu reconhecimento, segue-se ao segundo quesito – da autoria ou participação –, o qual pode assim ser redigido: "O réu fulano de tal concorreu para o crime, desferindo as facadas contra a vítima?", ou "O réu fulano de tal concorreu para o crime, induzindo o autor a desferir disparos contra a vítima?". Deve-se individualizar a conduta do imputado e o modo de participação na infração penal, não se admitindo a

---

2 Em sentido diverso, Nucci (2018) sustenta que se deve desdobrar o primeiro quesito em dois, e Rogério Sanches Cunha e Ronaldo Batista Pinto (2020, p. 1.426) aduzem que, "se o defensor do acusado não nega a existência do fato, mas argumenta sobre a incidência de uma concausa, é preciso que os jurados apreciem esta alegação, o que se torna impossível se a materialidade (abrangendo o nexo) for questionada em quesito único".

formulação genérica de que "o acusado concorreu de qualquer modo para o delito".

Caso os jurados entendam que não foi o réu o autor dos fatos (leia-se, negativa de autoria, de coautoria ou participação), por decorrência lógica da interpretação das respostas, não há de se falar em responsabilização do acusado, o qual estará automaticamente absolvido, não se prosseguindo no questionário. No caso de reconhecimento da autoria, surge, então o quesito obrigatório relativo à possibilidade de condenação ou absolvição, novidade introduzida pela Lei n. 11.689/2008.

Vale salientar que a lei preconiza que o resultado será alcançado com a resposta de mais de três jurados no mesmo sentido. Explicamos: atingido o número de quatro votos em um ou noutro sentido, estabelecida a maioria, encerra-se a votação, sem necessidade de abertura das eventuais cédulas restantes. Tal providência – votação por maioria – também é novidade trazida pela reforma de 2008, que consagra e efetiva o sigilo externo das votações, evitando-se os vereditos alcançados por unanimidade (7 a 0), que acabavam por revelar os votos de todos os jurados.

Quesito absolutório genérico

Como já destacamos, na hipótese de a materialidade e a autoria receberem mais de três votos positivos, estabelece o parágrafo 2º que necessariamente será formulado quesito com a seguinte redação: "O jurado absolve o acusado?".

Concluímos, então, que, caso os jurados respondam afirmativamente aos quesitos relacionados à materialidade e à autoria, isso não significa que o réu estará automaticamente condenado. Os julgadores, de forma obrigatória, serão questionados se absolvem o réu, sob pena de anulação do julgamento[13].

Referido quesito é, nesse ponto, a inovação mais importante consagrada pela Lei n. 11.689/2008. Sua redação é alvo de merecida crítica por parte da doutrina, uma vez que interrompe a lógica sequencial de votação (para acompanhar o Ministério Público, o jurado deve votar "sim" nos dois primeiros quesitos para, depois, inverter e lançar mão do voto "não") e, por meio de manipulação linguística, induz jurado a se posicionar pela absolvição. Nessa esteira, aponta Mougenot Bonfim (2018, p. 317): "se houve um processo penal que imputou ao acusado a responsabilidade de determinada conduta criminosa, a pergunta aos jurados sobre o fato principal é uma consequência invariável da acusação: 'O acusado é culpado de ter cometido tal fato' [...]".

De qualquer maneira, ao ser formulado nessa forma ampla e genérica, o quesito tem o benefício de reunir praticamente todas as teses defensivas em uma única pergunta, o que facilita consideravelmente a compreensão e a escolha dos jurados. Pouco importa a tese arguida pela defesa: se a votação preponderante é pela absolvição, não se tenciona saber qual a sua razão, dispensando-se outras indagações.

---

3   Nesse sentido decidiu o Superior Tribunal de Justiça (STJ) no julgamento do Habeas Corpus n. 348.327/MT: "1. Respondidos afirmativamente os quesitos referentes à materialidade e autoria, a formulação do quesito genérico de absolvição descrito no artigo 483, III, do Código de Processo Penal é obrigatória, independentemente das teses sustentadas pela defesa. 2. Assim, há a obrigatoriedade de formulação do quesito genérico ainda que a única tese aventada seja a negativa de autoria, já afastada pela resposta afirmativa dada ao segundo quesito [...]" (Brasil, 2019e).

Portanto, legítima defesa, estado de necessidade, inexigibilidade de conduta diversa, coação moral irresistível, entre outras considerações defensivas, caso suscitadas, mesmo que em conjunto durante os debates, estarão todas abarcadas por esse quesito compulsório.

Sem dúvida, a previsão traz certo prejuízo do ponto de vista recursal ao órgão acusatório, que está obrigado a rebater, junto ao tribunal, todas as teses porventura sustentadas pela defesa, já que se afigura inviável, ante o sistema da íntima convicção dos jurados, explicitar a exata razão que conduziu a decisão favorável ao réu. Sem embargo, o legislador deu preferência à simplificação do questionário em detrimento de eventuais efeitos negativos dela decorrentes.

Ainda no escopo do quesito genérico, discute-se se é possível que os jurados absolvam o réu por clemência. Ilustrativamente, pensemos no caso em que a única tese da defesa tenha sido a negativa de autoria, e os jurados acabem por reconhecer que foi o réu o autor do fato criminoso, mas, no terceiro quesito, decidam por agraciá-lo com a absolvição.

Para alguns autores[14], isso é possível, tendo em vista que as decisões do Conselho de Sentença funcionam segundo a sistemática da íntima convicção dos jurados, o que permite – em razão da total liberdade de apreciação das provas –, inclusive, que os veredictos sejam votados considerando critérios

---

4   Por exemplo, Nucci (2018, p. 1.031).

extraprocessuais. Nessa lógica, seria lícito ao jurado entender que, apesar de ter praticado fato criminoso, o réu não merece ser condenado.

Com o devido respeito, essa posição não encontra amparo no ordenamento jurídico. O "*O jurado absolve o réu?*" não nasceu para criar uma porta para a impunidade, permitindo aos jurados que absolvessem o réu sem qualquer fundamento jurídico. Ele veio para simplificar e reunir todas as teses da defesa em uma só questão. A rigor, admitir sua incidência para que os jurados externem decisões com base em piedade, clemência ou qualquer outro tipo de sentimento pessoal faz com que o art. 593, inciso III, alínea "d", do CPP perca seu sentido, pois nunca será possível chegar à conclusão de que determinada decisão foi contrária à prova dos autos ou se o jurado se compadeceu com a situação do réu.

Não bastasse isso, se a intenção do legislador, ao elaborar esse quesito obrigatório, fosse absolver por qualquer motivo, então o quesito seria o primeiro a ser votado, e não o terceiro, ou seja, se fosse para admitir uma absolvição arbitrária, a indagação aos jurados se o acusado deve ser absolvido já constaria do primeiro quesito. Está claro que, se antes se pergunta sobre a materialidade e a autoria, esse quesito está a tratar das excludentes e dirimentes.

No mais, a decisão dos jurados não é intocável, podendo ser atacada mediante recurso de apelação, sob o argumento de que a decisão tomada foi contrária ao provado nos autos. O resguardo da soberania dos vereditos é comando constitucional, mas não pode consubstanciar-se em cheque em branco ao julgador. Não se pode olvidar do princípio do duplo grau de jurisdição – implicitamente previsto pela Constituição Federal –, de modo que, quando a absolvição ocorrer fulcrada em contradição incontornável, fulmina-se o veredito com nulidade absoluta, impossível de ser sanada senão com novo julgamento[15].

Causas de diminuição de pena alegadas pela defesa

Com resposta afirmativa da maioria dos jurados ao quesito genérico, a votação é dada por encerrada, e o acusado, absolvido.

De outra sorte, em sendo negativa, será imposta a condenação, devendo a votação prosseguir aos questionamentos acerca de eventuais causas de diminuição de pena alegadas pela defesa (advogado nos debates, e réu no interrogatório), necessariamente votadas antes das qualificadoras e das causas de aumento descritas na pronúncia (art. 483, inciso IV, do CPC).

As chamadas privilegiadoras do homicídio, com previsão no parágrafo 1º do art. 121 do Código Penal (crime praticado em razão de motivo de relevante valor social ou moral, ou sob domínio de violenta emoção, logo em seguida à injusta provocação da vítima), consistem em exemplo diuturno de causa de diminuição sustentada em plenário pela defesa, mas há inúmeras outras minorantes que podem ser perseguidas, como a participação de menor importância (art. 29, parágrafo 1º, do Código

---

5   É o que também argumenta Edilson Mougenot Bonfim (2018, p. 316).

Penal), a semi-imputabilidade (art. 26, parágrafo único, do Código Penal) e a embriaguez incompleta derivada de caso fortuito ou de força maior (art. 28, parágrafo 2º, do Código Penal).

A redação pode ser assim formulada: "O acusado agiu dominado por violenta emoção, logo após a injusta provocação da vítima, consistente em ter humilhado o réu em frente a sua equipe de trabalho?".

Para que não haja ilogicidade entre as teses, reconhecida alguma das figuras privilegiadoras do parágrafo 1º do art. 121 do Código Penal, todas subjetivas, restam automaticamente prejudicadas as qualificadoras que também ostentem essa natureza (subjetiva), como é o caso da motivação fútil e torpe. Só se admite o seguimento do julgamento, nesse caso, das possíveis qualificadoras objetivas, como o meio cruel, o recurso que dificultou defesa da vítima e o feminicídio, por exemplo.

No que se refere à tentativa, importa atentar que, não obstante também consista em causa de diminuição de pena, nos termos do parágrafo único do art. 14 do Código Penal, já é votada logo após a pergunta sobre autoria, por força da própria redação legal, uma vez que, como se verá a seguir, pode dar causa à desclassificação do crime.

Em caso de invocação de múltiplas causas de diminuição, deve haver apreciação individualizada dos quesitos redutores de pena independentes, sendo possível aos jurados acolher ou rejeitar cada um de forma autônoma.

Qualificadoras ou causas de aumento reconhecidas na pronúncia

Para que as causas de diminuição sejam submetidas à apreciação dos jurados, basta que tenham sido alegadas pela defesa no momento dos debates orais. No entanto, para que sejam objeto de quesitação, as circunstâncias qualificadoras do crime (notadamente quanto ao homicídio, previstas no art. 121, parágrafo 2º, do Código Penal) e as causas de aumento de pena (como as previstas nos parágrafos 4º, 6º e 7º do mesmo art. 121 do Código Penal) devem ter sido previamente reconhecidas na pronúncia, não sendo possível inovação pelo Ministério Público no momento dos debates.

Ressaltamos, por oportuno, que, mesmo havendo pedido expresso do órgão acusatório para que seja desconsiderada alguma majorante ou determinada qualificadora presente na pronúncia, o juiz deve proceder à sua quesitação, cabendo ao jurado a decisão, a qual pode, sem problema algum, ir de encontro os anseios das duas partes.

Além disso, assim como acontece com as causas de diminuição, cada uma das qualificadoras e das causas de aumento, nesta ordem, será questionada de maneira particularizada. Acolhida mais de uma qualificadora, uma servirá para qualificar o crime, e a outra será utilizada como agravante de pena, caso haja correspondência no art. 61, inciso II, do Código Penal, ou, não havendo, como circunstância judicial do art. 59, também do Estatuto Repressivo.

Atenuantes e agravantes

No que diz respeito às circunstâncias agravantes e atenuantes, não mais será submetido aos componentes do Conselho de Sentença, como previa o revogado art. 484, parágrafo único, do CPP, quesito sobre sua existência. Assim, havendo alegação pelas partes durante os debates (art. 492, inciso I, alínea "b", do CPP), a análise dessas circunstâncias passa a ser atribuição exclusiva do juiz-presidente para fins de individualização da pena (Lopes Jr., 2013).

Em sentido diverso, Guilherme de Souza Nucci (2018) entende que, apesar de não mais haver a necessidade de se passar pelo crivo dos jurados, seria possível à parte formular requerimento ao juiz para que quesito versante sobre agravante ou atenuante seja incluído no questionário de votação, devendo o magistrado, nesse caso, sob pena de solapar a soberania dos julgadores leigos, proceder à inserção e seguir a decisão do Conselho de Sentença.

Não concordamos com a posição. Com efeito, não podemos perder de vista dois aspectos: primeiro, que a Lei n. 11.689/2008 buscou acelerar o julgamento; segundo, que a mesma lei procurou clarificar a formulação dos quesitos, tornando-os mais compreensíveis aos jurados, não fazendo sentido lhes submeter questão unicamente relativa à pena, que escapa até mesmo do tipo derivado. Em suma, para nós, trata-se de matéria legal e exclusivamente reservada ao juiz-presidente.

Assentamos, por fim, que, sob pena de *bis in idem*, não é possível ao Ministério Público sustentar, em plenário, a existência de determinada agravante que já consta como qualificadora do crime, como, por exemplo o motivo fútil. Também, para que não haja ofensa à coisa julgada, é defeso tal suscitação no caso de ter havido o decote da qualificadora quando da pronúncia ou eventual decisão posterior do tribunal. Caso assim proceda o órgão acusatório, o juiz que preside a sessão não deve levar a circunstância em consideração na sentença condenatória.

Desclassificação

Desclassificar é o mesmo que dizer que o crime submetido à apreciação dos jurados não é doloso contra a vida.

Ao regulamentar a matéria, prevê o parágrafo 4º do artigo em exame que, no caso de alguma das partes pugnar pela desclassificação da infração para outra de competência do juízo singular, deve ser formulado quesito a esse respeito, o qual será respondido após o segundo ou terceiro quesito, a depender do caso.

A desclassificação é categorizada em própria ou imprópria. Na mais comum, a própria, o Conselho de Sentença altera a figura penal estabelecida na pronúncia para outra, sem, contudo, indicar qual. Fica afastada a competência de julgamento do Conselho de Sentença (é o que ocorre, por exemplo, quando se desclassifica um homicídio para lesão corporal seguida de morte) e, nesse caso, os jurados, após responderem sobre a materialidade e a autoria, são questionados sobre a ocorrência de um crime doloso contra a vida. Exemplo: "assim agindo, Fulano de tal quis ou assumiu o risco de produzir o resultado morte?". Negando, dado o esgotamento da competência, a votação é encerrada, e a responsabilidade pela nova tipificação e eventual condenação passa a ser do juiz-presidente, a quem cabe também o julgamento de eventuais crimes conexos. Ao contrário, sendo positiva a resposta, a votação prossegue ao quesito obrigatório acerca da absolvição ou não do acusado.

Já, na desclassificação imprópria, os jurados, ao tempo que afastam o crime anteriormente estipulado, reconhecem a existência de outra figura penal, isto é, fixam exatamente o tipo penal no qual está incurso o réu. É o que ocorre no caso de reconhecimento do excesso culposo da legítima defesa, questão que deve ser formulada após o terceiro quesito, após o Conselho de Sentença já ter decidido pela condenação do réu. Em caso de acolhimento, da mesma forma que acontece na desclassificação própria, o juiz-presidente decidirá o caso, mas, dessa vez, estará vinculado, devendo condenar o réu por homicídio culposo[16]. Outra diferença importante é que, operada a desclassificação imprópria, conforme bem expõe Aury Lopes Jr. (2013), os jurados seguem competentes para analisar eventuais crimes conexos.

Tentativa ou divergências na tipificação

De acordo com a ordem prevista nos incisos I, II e II do art. 483 do CPP, a questão seguinte aos quesitos da materialidade e da autoria seria: "O jurado absolve o acusado?". Não obstante, segundo preconiza o parágrafo 5º do mesmo enunciado legal, tendo sido

---

6   Em sentido oposto, Nucci (2018, p. 1.046) entende que "havendo desclassificação própria ou imprópria deve o juiz dar por encerrada a votação, passando a decidir o caso sem qualquer vinculação [...]".

sustentada a tese de ocorrência do crime em sua forma tentada, ou então havendo divergência acerca da tipificação do delito (como a sustentação de que o crime praticado não configura um homicídio, mas um infanticídio, com pena significativamente menor), tais questões, também versantes sobre desclassificação, devem ser submetidas à análise dos jurados, por meio de quesitos formulados logo após os dois primeiros, materialidade e autoria, e antes da pergunta obrigatória sobre a absolvição do imputado.

Segue exemplo de possível redação para o quesito: "O réu Fulano de tal, assim agindo, deu início ao ato de matar, o qual não se consumou por circunstâncias alheias à sua vontade, uma vez que a vítima conseguiu se desvencilhar e fugir, sendo em seguida levada a atendimento médico." Nesse caso, negativa a resposta, encerra-se a votação, e a causa penal segue à apreciação do juiz-presidente diante da desclassificação (própria) realizada. Votando "sim", os jurados firmam sua competência, e o julgamento prossegue ao quesito obrigatório.

Exatamente a mesma lógica se aplica para as teses defensivas de arrependimento eficaz e de desistência voluntária, hipóteses de tentativa qualificada em que o agente responde, segundo o art. 15 do Código Penal, pelos atos até então praticados (geralmente, crime de lesão corporal).

Séries distintas de quesitos

O parágrafo 6º do dispositivo em análise determina que, havendo mais de um crime ou mais de um acusado, os quesitos devem ser formulados em séries distintas.

Adota-se tal providência para que não haja confusão no momento da votação, viabilizando aos jurados maior clareza sobre o que lhe foi perguntado e as consequências de suas respostas.

Desse modo, considerando que os quesitos para cada crime são confeccionados de maneira autônoma, se ao acusado é imputado o cometimento de mais de uma infração penal, é possível que haja condenação por uma e absolvição por outra. Se o juiz somente formulasse uma séria em relação a todos os delitos, seria estabelecido notório prejuízo, tendo em vista que os jurados seriam obrigados a absolver ou a condenar o réu por todas as imputações, mesmo se não fosse essa sua vontade.

Ainda, em havendo pluralidade de crimes, o primeiro a ser votado deve ser necessariamente o crime doloso contra a vida, considerando que é ele que justamente define a competência do Tribunal do Júri. Destarte, se desde logo os jurados negarem a ocorrência de crime doloso contra a vida, como visto, os demais delitos serão apreciados diretamente pelo juiz togado, e não pelos julgadores leigos.

Reconhecida pelos jurados a execução de pluralidade de infrações penais, pensamos que a escolha da modalidade de concurso de crimes, para aquele caso concreto, é matéria afeta exclusivamente ao juiz-presidente, quando da elaboração da sentença condenatória, não havendo necessidade de se questionar a matéria, complexa e de cunho eminentemente jurídico, aos jurados[17].

Todavia, quando a pluralidade for de réus, importante notar que a votação absolutória referente a um dos autores não interfere na apreciação pelos jurados da conduta dos demais, pois, mesmo que um dos agentes seja absolvido, ainda é necessário perquirir, de modo totalmente independente, sobre a autoria do outro, que poderá ser condenado.

> **Art. 484.** A seguir, o presidente lerá os quesitos e indagará das partes se têm requerimento ou reclamação a fazer, devendo qualquer deles, bem como a decisão, constar da ata.
>
> **Parágrafo único.** Ainda em plenário, o juiz presidente explicará aos jurados o significado de cada quesito.

Após questionar se os jurados estão aptos para realizar o julgamento, o juiz-presidente procederá à leitura dos quesitos, ainda em plenário, resguardando o princípio da publicidade. Em seguida, serão questionadas as partes sobre se há alguma observação ou insurgência acerca do questionário de votação.

---

7   Diversamente, Nucci (2018), para quem a continuidade delitiva pode ser tese de defesa, devendo ser objeto de quesito aos jurados.

Com efeito, caso vislumbrem prejuízo ou defeito, o membro do Ministério Público, o advogado do assistente de acusação ou o advogado de defesa podem manifestar sua discordância com a quesitação, pleiteando que o juiz corrija a ordem das perguntas, a redação do quesito, ou mesmo inclua ou exclua determinada tese porventura suscitada. O requerimento formulado, a manifestação da parte contrária e a decisão do magistrado devem constar da ata da sessão de julgamento.

Caso nenhuma das partes se manifeste, é considerada preclusa a possibilidade de oposição aos quesitos, inibindo futura alegação de nulidade (art. 571, inciso VIII, do CPP), salvo se a parte insatisfeita comprovar que o vício na elaboração dos quesitos é de gravidade tal que possa ter causado prejuízo incontornável às teses apresentadas ou induzido os jurados ao erro, ocasião em que a nulidade pode ser entendida como absoluta e arguida a qualquer tempo (Lima, 2016). É o caso, por exemplo, da supressão de quesito obrigatório, nos termos da Súmula n. 156 do Supremo Tribunal Federal (STF), e da alocação das qualificadoras e causas de aumento de pena antes da pergunta relativa às causas de diminuição de pena, conforme inteligência da Súmula n. 162 também do Pretório Excelso (Brasil, 1964a; 1964b).

Ainda de acordo com o comando legal, o juiz-presidente esclarecerá aos jurados o significado de cada quesito. Essa explicação do magistrado se complementa à necessidade de elaboração de quesitos claros, com a mínima utilização de termos técnicos, tudo no escopo de facilitar a compreensão dos julgadores acerca do que lhe está sendo indagado.

Especificamente aqui, importa ressaltar que a explanação do juízo deve ser levada a efeito com extremo cuidado, sem descurar da imparcialidade, de modo que suas expressões ou seus comentários não deixem transparecer seu entendimento sobre os fatos, sob pena de indevida influência no *animus* dos jurados. Em verdade, a prática demonstra que, quanto menos se expressa o juiz nesse momento, mais condições terão os jurados de chegarem a uma decisão pessoal.

Pensamos, inclusive, que o magistrado deve abdicar-se de tecer considerações acerca da pena eventualmente aplicada, a fim de não incutir no juiz leigo que determinada reprimenda é muito severa ou muito branda. É claro que o apelo ao *quantum* punitivo pode ser explorado pelas partes durantes aos debates, mas tal abordagem não deve ser utilizada pelo magistrado, com vistas a não levar o jurado a votar de acordo com a pena em detrimento de questões pertinentes a fatos e provas.

Art. 485. Não havendo dúvida a ser esclarecida, o juiz presidente, os jurados, o Ministério Público, o assistente, o querelante, o defensor do acusado, o escrivão e o oficial de justiça dirigir-se-ão à sala especial a fim de ser procedida a votação.

§ 1º Na falta de sala especial, o juiz presidente determinará que o público se retire, permanecendo somente as pessoas mencionadas no *caput* deste artigo.

§ 2º O juiz presidente advertirá as partes de que não será permitida qualquer intervenção que possa perturbar a livre manifestação do Conselho e fará retirar da sala quem se portar inconvenientemente.

Na sequência, sanadas as questões eventualmente levantadas, os jurados serão conduzidos pelo juiz-presidente até uma sala própria para a deliberação do Conselho de Sentença.

Nesse local, além do magistrado, também acompanharão a votação o representante do Ministério Público, o assistente de acusação, o querelante (quando for o caso), o defensor do acusado, o escrivão e o oficial de justiça, os quais, salvo em caso de relevante questão de ordem, não podem intervir na votação de maneira a perturbar a livre manifestação do Conselho de Sentença.

Para assegurar que a ordem dos trabalhos seja respeitada, o parágrafo 2º do art. 485 do CPP autoriza que, quando da votação, o juiz-presidente possa até mesmo determinar a retirada da sala daqueles que se portarem de maneira inconveniente. De qualquer modo, é certo que não se está a permitir a arbitrariedade por parte do magistrado, sendo-lhe defeso proibir injustificadamente a participação das partes, sob pena de nulidade.

A limitação do número de pessoas não ofende o princípio da publicidade. De fato, a Constituição Federal assegura, no art. 93, inciso IX, a publicidade dos atos processuais, porém não de forma absoluta, na medida em que a própria Lei Maior admite exceções à tal garantia (art. 5º, inciso LX). Na votação em sala especial, com inadmissão de público externo, observa-se uma hipótese legal de publicidade interna ou restrita, justificada pelo interesse público de assegurar a tranquilidade e a imparcialidade dos juízes leigos no momento da votação, além do próprio sigilo das votações, também constitucionalmente consagrado (art. 5º, inciso XXXIII, alínea "b").

Aliás, a "sala especial" nada mais é que uma sala regular (geralmente destinada à realização de audiências) cujo espaço proporcione aos jurados a tranquilidade e a privacidade necessárias à realização da votação.

Não havendo sala disponível para a realização da votação, nos termos do parágrafo 1º do art. 485 do CPP, o juiz pode ordenar o esvaziamento do plenário, de modo a realizar o julgamento ali mesmo, apenas na presença das pessoas referenciadas no *caput* do dispositivo.

Art. 486. Antes de proceder-se à votação de cada quesito, o juiz presidente mandará distribuir aos jurados pequenas cédulas,

> feitas de papel opaco e facilmente dobráveis, contendo 7 (sete) delas a palavra "sim", 7 (sete) a palavra "não".

Esse dispositivo regulamenta a consecução da votação, definindo um procedimento padronizado a ser seguido em todas as sessões do tribunal do júri.

Com vistas a possibilitar que os quesitos sejam respondidos de maneira sigilosa, os jurados devem receber cédulas dobradas, as quais contenham as palavras "sim" e "não". O veredito dos membros do Conselho de Sentença para cada questionamento é exarado a após a leitura do quesito, com o depósito do voto na urna.

Tendo votado os sete jurados, o juiz-presidente abrirá as cédulas até que seja alcançada a maioria de votos positivos ou negativos. A resposta obtida deve ser registrada pelo escrivão em termo próprio e, em seguida, o procedimento se repetirá, com nova entrega de cédulas para a votação do próximo quesito.

> Art. 487. Para assegurar o sigilo do voto, o oficial de justiça recolherá em urnas separadas as cédulas correspondentes aos votos e as não utilizadas.

Para que não haja equívoco entre a cédula utilizada e a descartada, bem como para garantir o sigilo interno da votação, estipula o art. 487 do CPP que os jurados depositarão seus votos em duas urnas distintas, uma que conterá os votos válidos, e outra que servirá de depósito para as cédulas que foram descartadas naquela rodada de votação.

Art. 488. Após a resposta, verificados os votos e as cédulas não utilizadas, o presidente determinará que o escrivão registre no termo a votação de cada quesito, bem como o resultado do julgamento.

Parágrafo único. Do termo também constará a conferência das cédulas não utilizadas.

Após coletados todos os votos válidos e os descartes, o juiz-presidente procede à sua verificação em voz alta, até que constate a decisão emanada pelo Conselho de Sentença.

Como já exposto, na oportunidade, o magistrado determina ao escrivão que registre no termo de votação, documento essencial do julgamento, o resultado obtido em cada um dos quesitos, bem como a realização da conferência das cédulas descartadas.

Art. 489. As decisões do Tribunal do Júri serão tomadas por maioria de votos.

Indo ao encontro da garantia do sigilo das votações, o art. 489 do CPP estabelece de maneira expressa que as decisões do Tribunal do Júri serão tomadas por maioria de votos. Assim, considerando que o Conselho de Sentença é formado por sete jurados, o juiz-presidente abrirá as cédulas apenas até que sejam contabilizados quatro votos para qualquer um dos lados, quando então dará por encerrada a votação do quesito[18].

Sendo toda decisão extraída por maioria de votos, não mais há a divulgação do resultado final. Evita-se, dessa forma, julgamentos unânimes (7 a 0), muito comuns na sistemática pré-Lei n. 11.689/2008, em que as escolhas dos jurados acabavam sendo reveladas. Registramos, ainda, que os votos serão todos abertos apenas na hipótese de decisão vir a ser tomada por quatro votos em um sentido e três votos em outro, desempatando um possível placar de três a três. Mas, mesmo nesse caso, é impossível saber de que maneira cada jurado votou.

Art. 490. Se a resposta a qualquer dos quesitos estiver em contradição com outra ou outras já dadas, o presidente, explicando aos jurados em que consiste a contradição, submeterá novamente à votação os quesitos a que se referirem tais respostas.

---

8   Diversamente, Edilson Mougenot Bonfim (2018) sustenta que a lei apenas diz que a maioria de votos é necessária para a condenação ou absolvição, jamais afirmando que os votos excedentes não devam ser revelados. Para o autor, "a teor da nova lei, nada mudou e não somente o magistrado pode, como deve contabilizar a quantidade de todos os votos dados pelo Conselho de Sentença" (Bonfim, 2018, p. 313-314).

> Parágrafo único. Se, pela resposta dada a um dos quesitos, o presidente verificar que ficam prejudicados os seguintes, assim o declarará, dando por finda a votação.

O art. 490 do CPP traz relevante previsão. Segundo ele, caso a resposta a qualquer dos quesitos seja incompatível com outra ou outras já proferidas, o juiz-presidente, explicando a contradição, deve submeter os quesitos que lhe deram causa a uma nova votação.

Importante anotar que o magistrado deve repetir a votação de todos os quesitos que se mostrem antagônicos, e não apenas de um deles, sob pena de indicar aos jurados que o equívoco ocorreu justamente naquela pergunta renovada, em nítido prejuízo a uma das partes.

São diversas as hipóteses em que é possível observarmos um contrassenso nas respostas dos jurados, como no caso em que o réu é absolvido do crime doloso contra a vida, mas condenado no crime de corrupção de menores – art. 244-B do Estatuto da Criança e do Adolescente, Lei n. 8.069, de 13 de julho de 1990 (Brasil, 1990) – por ter praticado o crime doloso contra a vida juntamente com um inimputável. Também é o caso da situação já aqui tratada, em que, sendo tese única da defesa a ausência de autoria, esta é reconhecida e, logo após, o réu vem a ser absolvido pelo Conselho de Sentença.

Verificada a incongruência, a renovação da votação pode ser solicitada ao juiz pela parte insatisfeita e, caso a providência não seja adotada pelo juiz, a questão pode, nos termos do art. 564, parágrafo único, do CPP, dar causa ao reconhecimento de nulidade pelo tribunal em sede de recurso de apelação.

Quando possível, a fim de evitar a disparidade entre as respostas, o juiz-presidente deve declarar prejudicados os demais quesitos incompatíveis com a resposta inicial. Por exemplo, quando os jurados reconhecem a ocorrência de um homicídio privilegiado, sequer deve ser votada a qualificadora do motivo torpe, cujo quesito deve ser tomado como prejudicado. No entanto, caso se proceda à votação e haja o reconhecimento também do motivo torpe, solução outra não há senão a repetição da votação de ambos os quesitos.

> Art. 491. Encerrada a votação, será o termo a que se refere o art. 488 deste Código assinado pelo presidente, pelos jurados e pelas partes.

As respostas aos quesitos devem constar em termo próprio de votação, a ser assinado pelo juiz-presidente, por todos os jurados que compuseram o Conselho de Sentença e pelas partes.

Interessante notar que, uma vez devidamente representado por seu defensor, o réu não assina o termo de votação.

A ausência de alguma das assinaturas configura mera irregularidade ou, no máximo, nulidade relativa, que dependerá de arguição oportuna e comprovação de prejuízo.

Capítulo 14

Da sentença

Chegamos à sentença. Neste capítulo, analisaremos a composição da sentença judicial no processo de júri, com suas possibilidades, particularidades e consequências.

Sentença

> Art. 492. Em seguida, o presidente proferirá sentença que:
>
> I – no caso de condenação:
>
> a) fixará a pena-base;
>
> b) considerará as circunstâncias agravantes ou atenuantes alegadas nos debates;
>
> c) imporá os aumentos ou diminuições da pena, em atenção às causas admitidas pelo júri;
>
> d) observará as demais disposições do art. 387 deste Código;
>
> e) mandará o acusado recolher-se ou recomendá-lo-á à prisão em que se encontra, se presentes os requisitos da prisão preventiva, ou, no caso de condenação a uma pena igual ou superior a 15 (quinze) anos de reclusão, determinará a execução provisória das penas, com expedição do mandado de prisão, se for o caso, sem prejuízo do conhecimento de recursos que vierem a ser interpostos;
>
> f) estabelecerá os efeitos genéricos e específicos da condenação.

II – no caso de absolvição:

a) mandará colocar em liberdade o acusado se por outro motivo não estiver preso;

b) revogará as medidas restritivas provisoriamente decretadas;

c) imporá, se for o caso, a medida de segurança cabível.

§ 1º Se houver desclassificação da infração para outra, de competência do juiz singular, ao presidente do Tribunal do Júri caberá proferir sentença em seguida, aplicando-se, quando o delito resultante da nova tipificação for considerado pela lei como infração penal de menor potencial ofensivo, o disposto nos arts. 69 e seguintes da Lei nº 9.099, de 26 de setembro de 1995.

§ 2º Em caso de desclassificação, o crime conexo que não seja doloso contra a vida será julgado pelo juiz presidente do Tribunal do Júri, aplicando-se, no que couber, o disposto no §1º deste artigo.

§ 3º O presidente poderá, excepcionalmente, deixar de autorizar a execução provisória das penas de que trata a alínea "e" do inciso I do *caput* deste artigo, se houver questão substancial cuja resolução pelo tribunal ao qual competir o julgamento possa plausivelmente levar à revisão da condenação.

§ 4º A apelação interposta contra decisão condenatória do Tribunal do Júri a uma pena igual ou superior a 15 (quinze) anos de reclusão não terá efeito suspensivo.

> § 5º Excepcionalmente, poderá o tribunal atribuir efeito suspensivo à apelação de que trata o §4º deste artigo, quando verificado cumulativamente que o recurso:
> I – não tem propósito meramente protelatório; e
> II – levanta questão substancial e que pode resultar em absolvição, anulação da sentença, novo julgamento ou redução da pena para patamar inferior a 15 (quinze) anos de reclusão.
> § 6º O pedido de concessão de efeito suspensivo poderá ser feito incidentemente na apelação ou por meio de petição em separado dirigida diretamente ao relator, instruída com cópias da sentença condenatória, das razões da apelação e de prova de tempestividade, das contrarrazões e das demais peças necessárias à compreensão da controvérsia.

Ao final do julgamento, após a votação do mérito da causa pelo Conselho de Sentença, o juiz-presidente elaborará a sentença de acordo com a vontade soberana dos jurados. A decisão do júri é classificada, portanto, como subjetivamente complexa, pois envolve dois órgãos julgadores distintos.

O juiz não deve fundamentar a decisão considerando o mérito da causa, uma vez que tal análise fica a cargo dos jurados por sua íntima convicção. Todavia, em caso de condenação, há necessidade de motivação pelo magistrado quanto à pena a ser fixada, vigorando, nesse ponto, o sistema do livre convencimento motivado.

Ao lado das disposições gerais encontradas no art. 381 do Código de Processo Penal (CPP), a sentença do júri é disciplinada em detalhes em seu art. 492, que apresenta uma série de matérias que devem ser levadas em consideração pelo magistrado quando da prolação da decisão.

Fixação da pena-base

Inicialmente, indo ao encontro do já alinhavado, interessante notar que o dispositivo parte diretamente para a tratativa da dosimetria da pena, não havendo (diferentemente do previsto na regra do art. 381, inciso III, do CPP) menção à necessidade de fundamentação meritória. Nesse caso, o "silêncio" legal, além de eloquente e proposital, é adequado, tendo em vista que a decisão a esse respeito é tomada exclusivamente pelos julgadores leigos.

Assim, condenado o réu pelo Conselho de Sentença, o juiz deve encontrar a pena e, para tanto, seguir o sistema trifásico de fixação previsto no art. 68 do Código Penal. Nesse sentido, o juiz inicia a dosimetria definindo a pena base (art. 492, inciso I, alínea "a", do CPP), por meio da análise das circunstâncias judiciais constantes do art. 59 do Código Penal (culpabilidade, antecedentes, conduta social, personalidade do agente, motivos, circunstâncias e consequências do crime e comportamento da vítima).

As circunstâncias sopesadas negativamente elevam a pena do patamar mínimo, considerado o ponto de partida. Dessa forma, ponderando-se contornos específicos, as características do crime podem transbordar os limites do tipo penal, bem como a conduta do agente pode ser tomada como especialmente reprovável, o que denota a necessidade de incremento da reprimenda.

Por exemplo, o sujeito que comete um homicídio desferindo múltiplos disparos contra a vítima – com violência excessiva, portanto – tem uma conduta mais grave e censurável do que aquele que pratica o crime com um único disparo, o que, em tese, justifica o aumento da pena-base[1].

Contudo, não verificada a existência de nenhuma circunstância desfavorável, a pena-base será fixada no mínimo legalmente previsto.

Circunstâncias agravantes e atenuantes

Chegando à segunda etapa da fixação da pena, a alínea "b" do inciso I trata da apreciação das circunstâncias agravantes (arts. 61 e 62 do Código Penal) e atenuantes (arts. 65 e 66 do Código Penal), que, como visto, pelo regramento estabelecido pela Lei n. 11.689, de 9 de junho de 2008, não mais são objeto de quesitação (Brasil, 2008a).

No caso do procedimento do júri, a nota de especialidade está no fato de que o magistrado somente pode apreciar as

---

1 "Apelação criminal. Tribunal do Júri. Veredito condenatório. Recurso interposto pelo réu. Alegados erro e injustiça no tocante à aplicação das reprimendas. Corrupções de menores. Prescrição retroativa da pretensão punitiva quanto a um dos fatos imputados. Declarada extinta a punibilidade do acusado. Homicídio qualificado tentado. Pena-base. Culpabilidade do agente. *Modus operandi* (multiplicidade de disparos de arma de fogo) a indicar maior reprovabilidade do ato irrogado. Fundamentação idônea – TJPR, Apelação Criminal 0012770-21.2017.8.16.0030, 1ª Câmara Criminal, Julgado em 22.08.2019, Relatoria do Desembargador Antônio Loyola Vieira." (Paraná, 2019)

agravantes e atenuantes que tiverem sido alegadas pelas partes durante os debates.

Nesse contexto, ao fixar a pena intermediária, caso a parte se olvide de pugnar pelo reconhecimento de agravantes e atenuantes, o juiz fica impedido de levá-las em consideração na sentença. Para nós, porém, como o objetivo central do comando legal é a preservação do contraditório, pensamos que a vedação não vale para circunstâncias objetivas, em que não haveria nem mesmo a possibilidade de discussão ou de impugnação pela parte contrária. Ora, provado por documento idôneo que o réu era, ao tempo da infração, menor de 21 anos, ele deve ter direito à atenuante da menoridade relativa, independentemente de alegação. O mesmo ocorre se o réu é tido por reincidente pela lei (art. 63 do Código Penal), quando, invariavelmente, há de se considerar a agravante.

O que é pacífico é o limite imposto ao juiz, que não pode desobedecer aos vetores mínimo e máximo abstratamente consagrados pelo preceito secundário do crime, entendimento que encontra arrimo na Súmula n. 231 do Superior Tribunal de Justiça (STJ)[12]. Assim, caso a pena-base já tenha sido fixada no mínimo legal, não podem ser aplicadas circunstâncias atenuantes, pois tal operação culminaria na fixação da pena intermediária em patamar não permitido.

---

2   "A incidência da circunstância atenuante não pode conduzir à redução da pena abaixo do mínimo legal" (Brasil, 1999).

Causas de aumento e diminuição

Após a determinação da pena intermediária, na sequência são analisadas eventuais causas de aumento e diminuição reconhecidas pelos jurados (art. 483, incisos IV e V, do CPP), chegando-se à pena definitiva.

As causas de aumento e diminuição são chamadas também de *majorantes* e *minorantes*, respectivamente, podendo ser encontradas no Código Penal (partes geral e especial) e nas leis penais extravagantes. Ao contrário do que acontece com as circunstâncias judiciais e com as agravantes e atenuantes, há na legislação previsão expressa do *quantum* que será aumentado ou diminuído pelo magistrado.

Exemplos bastante frequentes no âmbito do Tribunal do Júri são as minorantes estabelecidas no parágrafo 1º do art. 121 do Código Penal, as quais dispõem que, ao agente que comete o crime impelido por motivo de relevante valor social ou moral, ou sob o domínio de violenta emoção, logo em seguida à injusta provocação da vítima, pode ser reduzida sua pena de um sexto a um terço. Reconhecendo, os jurados, a ocorrência do chamado *homicídio privilegiado*, a causa de diminuição será aplicada pelo magistrado na terceira fase de fixação da pena.

Além do mais, diferentemente do que ocorre nas outras fases de fixação da pena, na terceira etapa, as causas de aumento e diminuição autorizam a elevação da reprimenda para além do patamar máximo e redução inferior ao mínimo.

Observações ao art. 387 do Código de Processo Penal

Na alínea "d", o legislador faz anotação remissiva indicando que, para além dos parâmetros indicados no próprio art. 492, deve o juiz sentenciante atentar para o previsto no art. 387 do CPP, dispositivo que estabelece os pontos que devem ser examinados no momento de prolação de sentença condenatória.

Assim, por exemplo, ao lado da fixação da reprimenda, o magistrado pode fixar, para a vítima ou para sua família, valor mínimo a ser pago pelo réu para efeito de reparação dos danos causados pela infração. Frisamos que, tratando-se de matéria alheia à questão fática, os jurados não serão questionados acerca da existência de valores indenizatórios, o que fica inteiramente a cargo do juiz-presidente.

Execução provisória da pena

No dia 24 de dezembro de 2019, foi sancionada a Lei n. 13.964, alcunhada pela mídia como *Pacote Anticrime*, que alterou diversos dispositivos do Código Penal, do CPP e de outras tantas legislações penais e administrativas (Brasil, 2019a).

Entre as diversas mudanças, destaca-se a inclusão da alínea "e" no art. 492, inciso I, do CPP, que trata do início imediato do cumprimento de pena dos réus condenados pelo Tribunal do Júri por penas privativas de liberdade iguais ou superiores a 15 anos. Portanto, em termos práticos, pelo novel comando legal, fixadas sanções acima desse patamar, os condenados pelo júri devem ser recolhidos à prisão, independentemente da presença dos requisitos autorizadores da prisão preventiva.

Abre-se, dessa forma, nova possibilidade de execução provisória da pena, mas que, agora – diferenciando-se das discussões interpretativas que por anos ocupam as instâncias superiores, especialmente o STF –, encontra previsão legal expressa.

A nova regra já vem sendo alvo de críticas por parte doutrina[3] e, seguramente, terá sua validade examinada pelo STF, o qual decidirá sobre sua compatibilidade com a Constituição Federal, especialmente com o princípio da presunção de inocência. Sem embargo, até lá, pelo princípio da presunção da constitucionalidade das leis, a norma deve ser aplicada.

Nesse sentido, de acordo com o parágrafo 3º do art. 492 do CPP, no âmbito do júri, a execução provisória passa a ser a regra para as condenações iguais ou superiores a esse patamar – 15 anos –, e somente não será determinada pelo juiz em situações excepcionais, quando houver questão substancial que possa, em um juízo de prognose, conduzir à anulação da decisão do Conselho de Sentença pelo tribunal.

---

3   Para Aury Lopes Jr. e Alexandre Morais da Rosa (2020), a norma revela grande erro do legislador, na medida em que viola o princípio da presunção de inocência, executando antecipadamente sua pena, sem respeitar o marco constitucional do trânsito em julgado, o que proporciona uma prisão desproporcional, dada a real possibilidade de reversão em segundo grau ou nas instâncias superiores. Além disso, a soberania dos veredictos, segundo os autores, não é um argumento válido para dar causa à execução antecipada, uma vez que é um atributo que não serve para justificar ou legitimar a prisão, mas sim se consubstancia em uma garantia de independência dos jurados (Lopes Jr.; Rosa, 2020).

Com vistas a efetivar a execução provisória, eventual recurso defensivo não ostenta efeito suspensivo (§ 4º), salvo nos casos em que se mostrarem cumulativamente atendidos os critérios do parágrafo 5º do art. 492: (a) o recurso não apresentar propósito meramente protelatório; e (b) o recurso levantar questão substancial e que pode resultar em absolvição[14], anulação da sentença, novo julgamento ou redução da pena para patamar inferior a 15 anos.

Asseveramos, também, que, por não ter havido qualquer ressalva pelo legislador, a pena igual ou superior a 15 anos, que autoriza a execução imediata, pode advir apenas do delito doloso contra a vida ou de sua somatória com eventuais crimes conexos (Cunha; Pinto, 2020).

Ainda sobre o tema, o texto legal prevê que, caso o réu seja condenado pelo Tribunal Popular a uma sanção inferior a 15 anos, exclui-se a possibilidade de se executar automática e provisoriamente a reprimenda.

Não obstante, a questão é bem mais complexa do que parece. Mesmo antes do advento do novo dispositivo, já havia posições doutrinária e jurisprudencial acerca da possibilidade de prisão decorrente das condenações exaradas no âmbito do Tribunal do Júri, independentemente da reprimenda aplicada. Em resumo, sustentamos que impossibilitar a execução direta das decisões provenientes do Tribunal Popular afronta o princípio da

---

4   No ponto, andou mal o legislador, uma vez que é impossível ao tribunal *ad quem*, em razão da soberania dos veredictos, substituir a decisão dos jurados e absolver o réu.

soberania de seus vereditos, além de tornar ainda mais ineficaz a persecução penal, contribuindo para a perpetuação de uma sensação de impunidade e injustiça por parte da sociedade[15][16].

A questão – acerca da admissibilidade ou não da execução provisória da pena decorrente de condenações pelo Tribunal do Júri, independentemente da observância do *quantum* de 15 anos e do exaurimento da 2ª instância – é o objeto do Recurso Extraordinário n. 1.235.340, com repercussão geral já reconhecida pelo STF (Brasil, 2020o). Entendendo pela possibilidade e mantido o cenário atual, estabelecido nas Ações Declaratórias de Constitucionalidade (ADCs) n. 43, 44 e 54[17], a execução da pena referente a crimes dolosos contra a vida tem regramento totalmente distinto das demais infrações penais: nestas, seria necessário esperar o trânsito em julgado da condenação para, só então, dar início ao cumprimento da pena, naqueles, seria possível diretamente a prisão decorrente de condenação já em primeira instância.

E essa é a tendência do STF. Tanto isso é verdade que, ao atentarmos para os posicionamentos já demonstrados pelos

---

5 Sobre a matéria, Rafael Kurkowski (2019) argumenta que "não se toleram restrições ao exercício da função dos integrantes do conselho de sentença. Limitações aos jurados, a exemplo de não permitir o cumprimento imediato de sua vontade, equivalem a limitações da própria democracia".

6 Foi o que decidiu o STF no Habeas Corpus n. 140.449/RJ, julgado em 06/11/2018 (Brasil, 2019j).

7 No julgamento conjunto das Ações Declaratórias de Constitucionalidade n. 43, 44 e 54, em novembro de 2019, o STF retomou seu entendimento anterior a 2016, confirmando, por 6 votos a 5, a plena compatibilidade do art. 283 do CPP com o art. 5º, inciso LVII, da Constituição Federal, passando a vedar a execução de penas cujas decisões ainda não tenham passado em julgado.

integrantes da corte, constatamos que a maioria reconhece que, uma vez condenado pela sociedade, o sentenciado deve, desde logo, cumprir a pena. Nessa direção, os Ministros Roberto Barroso e Alexandre de Moraes têm acórdãos por ele relatados em que expressamente abordam a questão, aos quais aderiram os Ministros Luiz Fux e Rosa Weber[8]. Os Ministros Dias Toffoli e Carmen Lúcia também já defenderam a execução imediata no júri[9] e, de igual modo, o Ministro Edson Fachin[10] já manifestou a posição de que, em caso de júri, o cumprimento da pena deve ocorrer prontamente.

Aguardamos, para desfecho do tema, o resultado do Recurso Extraordinário n. 1.235.340[11] (Brasil, 2020o).

Efeitos da condenação

O efeito principal da sentença condenatória é fixar a pena, impondo a submissão forçada do condenado à reprimenda imposta. A par do efeito principal, existem efeitos indiretos, de duas ordens: (1) penais (como revogar o *sursis*, propiciar a reincidência, interromper a prescrição etc.) e (2) extrapenais (cuja atuação, como o próprio nome diz, ocorre fora do âmbito penal),

---

8 Habeas Corpus n. 139.612, Relator: Min. Alexandre de Moraes, Primeira Turma, julgado em 25/04/2017 (Brasil, 2017e).

9 Habeas Corpus n. 152.752, Relator: Min. Edson Fachin, Tribunal Pleno, julgado em 04/04/2018 (Brasil, 2018j).

10 Habeas Corpus n. 153.817, Relator: Min. Edson Fachin, julgado em 14/05/2018 (Brasil, 2018k).

11 Até o fechamento desta edição, o placar do referido recurso extraordinário marcava 2 × 1 a favor da possibilidade da execução imediata das decisões estabelecidas no âmbito do Tribunal do Júri.

subdividindo-se em efeitos genéricos e específicos (Bitencourt, 2018).

Nessa linha, prevê a alínea "f" do art. 492 do CPP que, na sentença, o juiz-presidente também estabelecerá os efeitos genéricos e específicos da condenação.

Os efeitos extrapenais genéricos, previstos no art. 91 do Código Penal, são automáticos, consistindo na obrigação de indenizar o dano causado e no perdimento dos instrumentos e produtos do crime. Desse modo, exemplificando, será declarada perdida, em favor da União, a arma de fogo ilícita que tenha sido utilizada pelo condenado para praticar o crime.

Já os efeitos extrapenais específicos, elencados no art. 92 do Código Penal, dependem de motivação expressa na sentença, a fim de que sejam inviabilizadas as mesmas condições que propiciaram a prática do crime. Consistem na perda de cargo, função pública ou mandato eletivo, como, por exemplo, no caso do policial militar condenado por homicídio praticado em contexto de grupo de extermínio (art. 121, parágrafo 6º, do Código Penal); na incapacidade para o exercício do poder familiar, tutela ou curatela, como na hipótese daquele que atenta contra a vida do próprio filho; e na inabilitação para dirigir veículo utilizado em crime doloso, como ocorre quando o agente se vale de seu veículo para, intencionalmente, atropelar e matar seu desafeto.

Sentença absolutória

Caso a decisão do Conselho de Sentença tenha sido no sentido de não condenar o acusado, o juiz proferirá sentença absolutória, também dispensada qualquer fundamentação.

A primeira providência a ser adotada pelo juiz-presidente é a colocação do acusado em liberdade, desde que este não se encontre preso por outro motivo (art. 492, inciso II, alínea "a", do CPP).

Além disso, como consectário lógico do veredito absolutório, devem ser, de plano, revogadas pelo magistrado as eventuais medidas restritivas provisoriamente decretadas ao longo do processo. Assim, tanto as medidas cautelares pessoais, previstas no art. 319 do CPP, quanto as possíveis medidas assecuratórias anteriormente decretadas, como o arresto ou sequestro de bens do réu, devem ser afastadas pelo magistrado, independentemente de ter sido ou não interposto recurso de apelação pelo órgão de acusação, o qual não é dotado de efeito suspensivo (Cunha; Pinto, 2020).

Ainda, da leitura do art. 804 do CPP, por contraste, é possível inferir que o réu absolvido fica dispensado do pagamento das custas do processo, bem como, nos termos do art. 337, também do CPP, receberá o valor atualizado que porventura tenha recolhido a título de fiança.

Sentença absolutória imprópria

Nos termos do art. 26 do Código Penal, é possível que os jurados reconheçam a inimputabilidade do acusado. Nesse caso, será prolatada sentença absolutória imprópria, que culminará na aplicação de medida de segurança, sanção penal consistente na internação do agente em hospital de custódia ou na sua submissão a tratamento ambulatorial (arts. 96 e 97 do Código Penal).

Desclassificação

Como visto, na primeira fase do procedimento escalonado do júri, caso decida pela desclassificação, nos termos do art. 419 do CPP, o juiz sumariante deve remeter os autos ao juízo singular competente, sendo-lhe vedado o julgamento da causa. Ao contrário, na segunda fase do procedimento, caso os jurados entendam que o fato em apreço não trata de crime doloso contra a vida, estabelece o art. 492, parágrafo 1º, do CPP que cabe ao juiz-presidente proferir sentença.

Se, em razão da desclassificação, for identificada a ocorrência de infração penal de menor potencial ofensivo (crime com pena máxima igual ou inferior a dois anos ou contravenção penal – art. 61 da Lei n. 9.099, de 26 de setembro de 1995), o magistrado deve aplicar o disposto nos arts. 69 e seguintes da Lei n. 9.099/1995 (Brasil, 1995).

Nesses casos, em homenagem à celeridade e por ser mais producente, o próprio juiz-presidente deve aplicar os institutos despenalizadores previstos no âmbito do Juizado Especial, como a composição de danos, a transação penal e até a suspensão condicional do processo, quando, então, são abertas vistas dos autos ao Ministério Público para análise de seu cabimento.

Como bem registra Renato Brasileiro de Lima (2016), apesar de a competência dos juizados para julgar infrações de menor potencial ofensivo derivar da Constituição Federal (art. 98, inciso I), ela comporta modificações, ostentando natureza relativa, e não absoluta. Para o autor, "o que realmente interessa diz respeito à aplicação (ou não) dos institutos despenalizadores trazidos pela Lei n. 9.099/1995" (Lima, 2016, p. 1.174). Em sentido diverso, Nucci (2018) sustenta que a parte final do parágrafo 1º do art. 492 é inconstitucional, uma vez que, sendo absoluta a competência do Juizado Especial Criminal, para lá devem ser remetidos os autos, cabendo àquele juízo a aplicação dos institutos despenalizadores da Lei n. 9.099/1995.

Ao final, dispõe o parágrafo 2º do art. 492 do CPP que, operada a desclassificação, com a cessação da competência dos jurados, o crime conexo porventura existente também será julgado pelo juiz-presidente. Nesse ponto específico, relevante atentar para o fato de que a disposição vale para a desclassificação, mas não se aplica aos casos em que o réu é absolvido do crime doloso pela vida. Com efeito, em tal hipótese, os jurados terão enfrentado o mérito da causa, devendo prosseguir a análise e o julgamento dos eventuais crimes conexos.

> Art. 493. A sentença será lida em plenário pelo presidente antes de encerrada a sessão de instrução e julgamento.

Seja condenatória ou absolutória, em consagração ao princípio da publicidade, a sentença será lida em plenário pelo juiz-presidente antes do encerramento da sessão de julgamento.

Assim que lida, a decisão será considerada publicada, e as partes serão dadas por intimadas, sendo este o termo de início dos prazos recursais, consoante define o art. 798, parágrafo 5º, alínea "b", do CPP.

A esse respeito, inclusive, é possibilitado às partes que recorram verbalmente da decisão, caso em que a interposição será consignada em ata (nos termos do art. 578, *caput*, do CPP), e as razões apresentadas posteriormente, no prazo de 8 dias, conforme disposto no art. 600, *caput*, do CPP.

No caso de o réu não estar presente na sessão de julgamento por opção sua, será suficiente a intimação de seu defensor. Entretanto, em tendo sido o réu citado por edital, a intimação da sentença condenatória também deve ocorrer pela via editalícia.

Apesar de não prevista em lei, a fim de conferir maior solenidade ao ato final da – já formal – sessão de julgamento do Tribunal do Júri, é bastante comum que o juiz-presidente proceda à leitura da sentença com todos os presentes em pé e com o réu à sua frente.

Capítulo 15

Da ata dos trabalhos

A ata dos trabalhos encerra a sessão de julgamento. Vamos aqui examinar a redação da ata, sua forma e sua estrutura.

Lavratura da ata

> Art. 494. De cada sessão de julgamento o escrivão lavrará ata, assinada pelo presidente e pelas partes.

A lavratura de ata de julgamento é conduta obrigatória nas sessões do Tribunal do Júri. Trata-se de documento oficial, escrito, dotado de fé pública, no qual são reduzidos a termo diversos elementos e situações da sessão plenária.

Após sua confecção pelo escrivão, a ata será assinada pelo juiz-presidente e pelas partes. Previamente à Lei n. 11.689, de 9 de junho de 2008 (Brasil, 2008a), somente se exigia a subscrição da ata pelo magistrado e pelo representante do Ministério Público. Agora, pondo-se fim a esse desequilíbrio sem sentido, defensor e assistente de acusação também a firmam.

De qualquer sorte, a ausência de alguma das assinaturas – seja de forma intencional, seja por simples esquecimento – não configura nulidade, mas mera irregularidade, incapaz de macular o julgamento. Diferentemente, nos termos do art. 564, inciso IV, do Código de Processo Penal (CPP), quando a inexistência é da própria ata, haverá nulidade do julgamento por falta de documento essencial do processo.

Art. 495. A ata descreverá fielmente todas as ocorrências, mencionando obrigatoriamente:

I – a data e a hora da instalação dos trabalhos;

II – o magistrado que presidiu a sessão e os jurados presentes;

III – os jurados que deixaram de comparecer, com escusa ou sem ela, e as sanções aplicadas;

IV – o ofício ou requerimento de isenção ou dispensa;

V – o sorteio dos jurados suplentes;

VI – o adiamento da sessão, se houver ocorrido, com a indicação do motivo;

VII – a abertura da sessão e a presença do Ministério Público, do querelante e do assistente, se houver, e a do defensor do acusado;

VIII – o pregão e a sanção imposta, no caso de não comparecimento;

IX – as testemunhas dispensadas de depor;

X – o recolhimento das testemunhas a lugar de onde umas não pudessem ouvir o depoimento das outras;

XI – a verificação das cédulas pelo juiz presidente;

XII – a formação do Conselho de Sentença, com o registro dos nomes dos jurados sorteados e recusas;

XIII – o compromisso e o interrogatório, com simples referência a termo;

XIV – os debates e as alegações das partes com os respectivos fundamentos;

> XV – os incidentes;
> XVI – o julgamento da causa;
> XVII – a publicidade dos atos da instrução plenária, das diligências e da sentença.

A ata do julgamento precisa ser um reflexo fidedigno da sessão. Nela, devem constar, além dos registros previstos nos 17 incisos do art. 495 CPP, todas as ocorrências relevantes do julgamento em plenário.

O rol trazido pelo dispositivo é meramente exemplificativo. Na verdade, diversas são as situações, de ordem jurídica ou não, que podem ocorrem durante uma sessão do Tribunal do Júri, não sendo possível nem viável que o legislador previsse todas elas. Por exemplo, o não comparecimento do réu à sessão deve ser certificado na ata, assim como quando o juiz determinar-lhe o uso de algemas.

Além disso, os protestos das partes não se presumem, devendo ser especificamente lavrados na ata, sob pena de preclusão (art. 495, inciso XV, e art. 571, inciso VIII, do CPP). Nesse sentido, o documento assume relevante papel como meio de prova da acusação ou da defesa para questionar, em eventual recurso, intercorrências ou insatisfações ocorridas durante o julgamento.

É por essa razão, inclusive, que sustentamos que, deferidos ou não, os requerimentos das partes devem constar da ata, não sendo permitido ao juiz indeferir arbitrariamente a inclusão de fato efetivamente ocorrido. Como o próprio nome diz, a ata é dos trabalhos, não do juiz.

> Art. 496. A falta da ata sujeitará o responsável a sanções administrativa e penal.

Cada sessão do Tribunal do Júri deve ter sua ata respectiva, e ausência dela sujeitará o responsável a sanções administrativas e penais. O responsável por lavrar a ata, conforme visto, é o escrivão.

O legislador não traz de maneira expressa o prazo para a elaboração, mas, pela própria inteligência do art. 494 do CPP, o ideal é que a ata esteja concluída imediatamente após o fim da sessão, possibilitando a colheita da assinatura de todas as partes já naquele momento.

Caso o escrivão tenha deixado de lavrar a ata para satisfazer interesse ou sentimento pessoal, pratica, em tese, o delito de prevaricação, disposto no art. 319 do Código Penal. Na hipótese de a omissão decorrer de solicitação ou recebimento de vantagem indevida, vislumbra-se o cometimento do crime de corrupção passiva (art. 317 do Código Penal).

Capítulo 16

Das atribuições do presidente do Tribunal do Júri

Neste capítulo, vem à tona o conjunto de atribuições do presidente do Tribunal do Júri no desiderato de possibilitar andamento regular às sessões de julgamento. É o que veremos.

Art. 497. São atribuições do juiz presidente do Tribunal do Júri, além de outras expressamente referidas neste Código:

I – regular a polícia das sessões e prender os desobedientes;

II – requisitar o auxílio da força pública, que ficará sob sua exclusiva autoridade;

III – dirigir os debates, intervindo em caso de abuso, excesso de linguagem ou mediante requerimento de uma das partes;

IV – resolver as questões incidentes que não dependam de pronunciamento do júri;

V – nomear defensor ao acusado, quando considerá-lo indefeso, podendo, neste caso, dissolver o Conselho e designar novo dia para o julgamento, com a nomeação ou a constituição de novo defensor;

VI – mandar retirar da sala o acusado que dificultar a realização do julgamento, o qual prosseguirá sem a sua presença;

VII – suspender a sessão pelo tempo indispensável à realização das diligências requeridas ou entendidas necessárias, mantida a incomunicabilidade dos jurados;

VIII – interromper a sessão por tempo razoável, para proferir sentença e para repouso ou refeição dos jurados;

IX – decidir, de ofício, ouvidos o Ministério Público e a defesa, ou a requerimento de qualquer destes, a arguição de extinção de punibilidade;

X – resolver as questões de direito suscitadas no curso do julgamento;

XI – determinar, de ofício ou a requerimento das partes ou de qualquer jurado, as diligências destinadas a sanar nulidade ou a suprir falta que prejudique o esclarecimento da verdade;

XII – regulamentar, durante os debates, a intervenção de uma das partes, quando a outra estiver com a palavra, podendo conceder até 3 (três) minutos para cada aparte requerido, que serão acrescidos ao tempo desta última.

A fim de possibilitar o regular andamento da sessão de julgamento, o art. 497 do Código de Processo Penal (CPP) pormenoriza as diversas atribuições do juiz-presidente do Tribunal do Júri. Como bem ensinam Rogério Sanches Cunha e Ronaldo Batista Pinto (2020), essas funções exercidas pelo juiz togado são de três ordens: (1) funções de polícia, (2) funções decisórias e (3) funções processuais.

Funções de polícia

As funções de polícia são aquelas dispostas nos incisos I, II e VI e se referem à atribuição do juiz de garantir a tranquilidade e a disciplina dos trabalhos, ou seja, que o julgamento se desenrole ordenadamente e sem tumulto. Nas palavras de Frederico

Marques (1997, p. 139): "atribui a lei, por isso, ao magistrado, determinados poderes sob a forma de ordem ou coerção direta, poderes esses que se caracterizam, estritamente, como atos de polícia, muito embora partidos de autoridade judiciária".

Assim, na mesma esteira do disposto nos arts. 251 e 794, ambos do CPP, na condição de presidente do julgamento, o magistrado deve regular, preventiva e repressivamente, a polícia das sessões, requisitando o auxílio da força pública, mandando retirar o acusado que importunar a realização harmoniosa do julgamento ou, até mesmo, prendendo os desobedientes se necessário.

A estabilidade da sessão plenária é fundamental não só às partes, para que possam desenvolver seu ofício de forma segura e equilibrada, mas, principalmente, aos jurados, a fim de que se sintam à vontade para, por meio do voto, manifestarem livre e soberanamente sua convicção.

O acusado tem resguardado, enquanto consectário da autodefesa, o direito de acompanhar a sessão de julgamento. Entretanto, não se trata de direito absoluto, de modo que, caso se comporte de maneira a dificultar a regular realização da sessão, pode ser retirado do local por ordem do magistrado sem que isso implique violação a suas garantias processuais.

Ainda, a função de polícia no Tribunal do Júri pode ser verificada no art. 795 do CPP, dispositivo que autoriza que o juiz-presidente ordene que sejam retirados da sessão os expectadores que estiverem se manifestando sem permissão. Ainda, o parágrafo 2º do art. 485, ao permitir que o juiz determine a retirada da sala secreta da parte que esteja causando tumulto, também é manifestação do poder de polícia do magistrado.

Funções decisórias

As funções decisórias constam dos incisos IV, IX e X do art. 497 do CPP, referindo-se às deliberações que ficam exclusivamente a cargo do juiz presidente.

Podemos dizer que tudo aquilo que não toca ao mérito da questão – notadamente, materialidade e autoria do crime, absolvição ou condenação do acusado, presença ou não de qualificadoras –, cuja análise cabe aos membros do Conselho de Sentença, é de responsabilidade do magistrado.

A ele cumpre, portanto, resolver questões incidentais que não dependam de pronunciamento do júri, como deliberação sobre a suspeição de um jurado, decidir sobre eventual arguição de extinção de punibilidade, além de outras questões de direito, como, por exemplo, a redação dos quesitos e a verificação se a utilização de determinado documento violaria ou não o art. 479 do CPP.

Funções processuais

Durante o julgamento, diversas questões processuais podem surgir, cabendo ao juiz resolvê-las. As funções dessa ordem são encontradas nos incisos III, V, VII, VIII, XI e XII do art. 497 do CPP.

O inciso III se refere à atribuição do magistrado de dirigir os debates, intervindo em caso de abuso, excesso de linguagem ou mediante requerimento de uma das partes. Com efeito, durante a sustentação oral das partes, é preciso que o magistrado esteja atento, pois, a despeito de ser comum certo nível de animosidade e tensão no plenário do júri, os oradores não têm autorização para, sob pena de possível responsabilização cível e criminal, valerem-se de agressões verbais ou expressões racistas ou de baixo calão que não guardam nenhuma relação com o processo[1][2]. Assim, além do controle do tempo de fala, o juiz deve interceder, "policiando a linguagem da acusação e defesa [...]" (Marques, 1997, p. 139).

Há de se anotar também a intervenção do magistrado quando alguma das partes fizer referência à decisão de pronúncia ou utilizar argumento de autoridade, a fim de evitar excesso de linguagem e possível anulação do julgamento. Em tais situações, é papel do juiz-presidente advertir o orador que estiver extrapolando os limites discursivos, e caso a advertência seja ignorada, em último caso, cassar sua palavra, com redução do ocorrido na ata.

A teor do já alinhavado, segundo do art. 497 do CPP, também "é função processual do juiz presidente nomear defensor ao acusado quando considerá-lo indefeso, podendo nesse caso dissolver o Conselho de Sentença e designar novo dia para o

---

1 No ponto, lúcidas as palavras de Borges da Rosa (1942, p. 167): "o juiz-presidente não deve admitir diatribes, aliás, sempre reveladoras de sentimentos nada nobres e de mesquinha cultura intelectual, que se proferem, às vezes, no Tribunal do Júri, sem proveito nenhum para a acusação ou para a defesa".

2 Esse entendimento já foi exarado pelo Superior Tribunal de Justiça (STJ) no Agravo Regimental no Recurso Especial n. 1.826.160/PR (Brasil, 2019c).

julgamento, com nomeação ou constituição do novo defensor" (Brasil, 1941a).

Como sabemos, a existência de defesa técnica é obrigatória e indeclinável, contudo, a mera presença formal do advogado no julgamento não cumpre a exigência da plenitude de defesa, de modo que deve o magistrado zelar pelo desempenho do defensor, e intervir caso seja necessário. A intervenção não é providência fácil, pois não existem balizas previamente estabelecidas para a avaliação do ofício defensivo, de modo que é fundamental que o juiz togado observe o caso concreto e afira se a atividade do defensor foi minimamente efetiva.

Também é função processual do juiz-presidente suspender a sessão pelo tempo indispensável à realização das diligências requeridas ou tidas como necessárias, bem como interromper a sessão por tempo razoável para proferir a sentença e para repouso ou refeição dos jurados, sempre preservando a incomunicabilidade. É certo que o magistrado deve agir com bom senso aos estipular os recessos, para que não prejudique o entendimento dos jurados, sendo desaconselhável, por exemplo, interromper a sessão para refeição durante a exposição de uma das partes.

É ainda função do magistrado resolver inúmeras questões incidentes que não dependam de pronunciamento do júri, como ordenar a condução de uma testemunha faltante.

Finalmente, durante os debates, cabe ao juiz-presidente regulamentar eventuais intervenções de uma parte quando a outra estiver com a palavra, concedendo até três minutos para cada aparte concedido, tempo que deve ser acrescido ao final da fala do aparteado.

A regulamentação do aparte é uma novidade trazida pelo legislador reformador de 2008, pois, antes disso, tratava-se apenas de construção doutrinária. Conceitualmente, o aparte é o "pedido formulado pela parte durante a sustentação oral do ex adverso para que interceda na sua fala, seja para fazer um questionamento, uma retificação, uma observação, seja para discordar de afirmação contrária a seu interesse" (Lima, 2016, p. 1.241).

Assim, o aparte consiste em um pedido de autorização para que uma parte intercale a fala da outra. Quando um dos oradores simplesmente fala por cima do outro, trata-se de interferência impertinente, a qual deve ser coibida pelo juiz-presidente, tendo em vista seu expressivo potencial de prejuízo à compreensão dos jurados.

Caso o expositor não consinta com o aparte, é possível que o pedido seja em seguida endereçado diretamente ao juiz, que, entendendo pertinente, pode concedê-lo ao requerente, conferindo-lhe a palavra por até três minutos.

Em determinadas situações, os apartes configuram-se em importante ferramenta de consolidação dos debates, mas é fundamental que sejam curtos e certeiros, utilizados apenas quando apropriados, de modo a não ensejar uma exposição paralela.

Considerações finais

Nossa principal intenção nesta obra foi a consolidação de um processo penal do júri comentado, reunindo os principais dispositivos legais relacionados ao procedimento do Tribunal do Júri e analisando-os individualmente, de forma verticalizada e com forte amparo na doutrina e na jurisprudência.

Pretendemos ofertar ao leitor não apenas as condições para dominar os mais relevantes aspectos técnicos e teóricos envolvendo o tão distinto e fascinante rito do júri, mas, sobretudo, conferir-lhe inúmeros ensinamentos de ordem prática, os quais, certamente, servirão de fator diferenciador em sua atuação profissional.

Em busca de tal objetivo, ao longo deste livro, examinamos os dispositivos legais de forma progressiva, a fim de se alcançarmos uma base de conhecimento sólida, enriquecida com as mais atuais considerações sobre o tema.

Partimos da primeira etapa do procedimento bifásico do júri, tratando, especificamente, da instrução preliminar, desde o recebimento da denúncia ofertada pelo Ministério Público até a decisão do magistrado. Nesse ponto, discutimos todas as decisões que podem ser proferidas ao final primeira fase, isto é, a pronúncia, a impronúncia, a absolvição sumária e a desclassificação. Como visto, cada decisão apresenta inúmeras particularidades, variando tanto no que diz respeito ao seu conteúdo e às suas consequências quanto no que se refere ao recurso cabível para eventual discordância na segunda instância.

Analisamos, também, nos termos do disposto no art. 422 do Código de Processo Penal, a fase de preparo para o julgamento, momento em que as partes podem ofertar requerimentos e apresentar o rol de testemunhas que irão depor em plenário – no número máximo de cinco pessoas, e não mais oito como na primeira fase.

Em seguida, após a deliberação acerca das testemunhas a serem ouvidas e das eventuais diligências requeridas, evidenciamos que o juiz-presidente tem o dever de elaborar relatório sucinto do processo e incluí-lo na pauta de julgamentos, para que seja, então, submetido à análise do tribunal do júri, órgão colegiado, composto por um juiz togado e 25 jurados.

A propósito, mostrou-se de especial relevo o exame da figura do jurado, momento em que abordamos os requisitos legais para que o cidadão possa servir ao júri – ser cidadão maior de 18 anos e de notória idoneidade –, bem como a questão da obrigatoriedade desse serviço no ordenamento brasileiro.

Discutimos, ainda, o desaforamento e, comentando todas as hipóteses previstas no art. 427 do Código de Processo Penal, inferimos tratar-se de instrumento de alteração da regra de competência territorial do tribunal do júri, o qual abre a possibilidade de que, excepcionalmente, o acusado seja julgado em foro diverso daquele em que supostamente cometeu o crime.

Avançando, estabelecemos o estudo do julgamento em plenário, examinando a formação do conselho de sentença, composto pelos sete jurados alistados e sorteados; a instrução em plenário, com as oitivas das pessoas arroladas; e a fase dos debates, momento que representa o apogeu do julgamento, configurando-se na etapa mais aguardada pelos profissionais e apreciadores do júri.

Com efeito, na chamada "arena do verbo", procuramos demonstrar que as partes apresentam suas versões dos fatos aos jurados, com o precípuo objetivo de convencê-los de que sua tese deve prosperar. O representante do Ministério Público é o primeiro a fazer o uso da palavra, sendo seguido pela defesa. É possível, ainda, que a acusação volte em réplica, o que enseja a possibilidade de que a defesa retorne em tréplica.

Observamos que, concluídos os debates, realiza-se a votação dos quesitos pelos jurados, quando, então, será alcançado o veredito do Conselho de Sentença. Como destacado no texto, os quesitos nada mais são do que perguntas diretas e objetivas, formuladas aos jurados, a fim de que eles decidam sobre a matéria de fato em discussão e, em última análise, deliberem acerca da absolvição ou não do acusado.

De modo a concretizar a garantia constitucional do sigilo das votações (art. 5º, inciso XXXVIII, alínea "b", da Constituição Federal), por determinação do art. 489 do Código de Processo Penal, as decisões do Tribunal do Júri são tomadas por maioria de votos, não se revelando como determinado jurado votou. Encerrada a votação, a conclusão do Conselho de Sentença deve, necessariamente, à luz da soberania dos veredito (art. 5º, inciso XXXVIII, alínea "c", da Constituição Federal), ressoar na sentença do juiz-presidente.

Nesse cenário, demonstramos que a sentença condenatória por crime doloso contra a vida se diferencia daquela prolatada no procedimento comum, na medida em que o magistrado, no bojo do Tribunal do Júri, não realiza nenhuma fundamentação em relação ao mérito da causa – este já decidido pelos jurados por sua íntima convicção –, partindo-se diretamente à fixação da pena.

De todo o exposto, pontuando e analisando, do começo ao final, os comandos legais relativos ao procedimento do júri, procuramos, por meio desta obra, oferecer ao leitor um robusto e prático instrumento para a compreensão dessa complexa instituição que é o Tribunal do Júri, capaz de despertar a atenção dos diversos operadores do direito.

Referências

ACOSTA, W. P. **O processo penal**. 16. ed. Rio de Janeiro: Editora do Autor, 1984.

ANSANELLI JR., A. **O tribunal do júri e a soberania dos veredictos**. Rio de Janeiro: Lumen Juris, 2005.

AVELAR, D. R. S. de. A democracia deliberativa e a busca pelo diálogo no Tribunal do Júri brasileiro. In: CLÉVE, C. M. (Org.). **Direito constitucional brasileiro**: teoria da Constituição e direitos fundamentais. São Paulo: Revista dos Tribunais, 2014. v. 1. p. 582-605.

AVELAR, D. R. S. de; PEREIRA E SILVA, R. F. **Plenário do Tribunal do Júri**. 1. edição. São Paulo: Revista dos Tribunais, 2020.

BADARÓ, G. **Processo penal**. Rio de Janeiro: Campus Jurídico, 2012. (Série Universitária).

BADARÓ, G. **Manual dos recursos penais**. 2. ed. São Paulo: Revista dos Tribunais, 2017.

BITENCOURT, C. R. **Tratado de direito penal**: parte geral. 25. ed. São Paulo: Saraiva, 2018.

BONFIM, E. M. **Curso de processo penal**. 13. ed. São Paulo: Saraiva, 2019.

BONFIM, E. M. **Júri**: do inquérito ao plenário. 5. ed. São Paulo: Saraiva, 2018.

BOSCHI, J. A. P. **Das penas e seus critérios de aplicação**. 6. ed. Porto Alegre: Livraria do Advogado, 2013.

BRASIL. Constituição (1988). **Diário Oficial da União**, Brasília, DF, 5 out. 1988. Disponível em: <http://www.planalto.gov.br/ccivil_03/constituicao/constituicao.htm>. Acesso em: 24 maio 2021.

BRASIL. Decreto-Lei n. 2.848, de 7 de dezembro de 1940. **Diário Oficial da União**, Rio de Janeiro, RJ, 31 dez. 1940. Disponível em: <http://www.planalto.gov.br/ccivil_03/decreto-lei/del2848compilado.htm>. Acesso em: 24 maio 2021.

BRASIL. Decreto-Lei n. 3.689, de 3 de outubro de 1941. **Diário Oficial da União**, Rio de Janeiro, RJ, 13 out. 1941a. Disponível em:<http://www.planalto.gov.br/ccivil_03/ decreto-lei/del3689.htm>. Acesso em: 24 maio 2021.

BRASIL. Lei n. 3.931, de 11 de dezembro de 1941. **Diário Oficial da União**, Rio de Janeiro, RJ, 13 dez. 1941b. Disponível em: <http://www.planalto.gov.br/ccivil_03/decreto-lei/1937-1946/del3931.htm>. Acesso em: 24 maio 2021.

BRASIL. Lei n. 8.069, de 13 de julho de 1990. **Diário Oficial da União**, Brasília, DF, 16 jul. 1990. Disponível em: <http://www.planalto.gov.br/ccivil_03/leis/l8069.htm>. Acesso em: 24 maio 2021.

BRASIL. Lei n. 8.625, de 12 fevereiro de 1993. **Diário Oficial da União**, Brasília, DF, 15 fev. 1993. Disponível em: <http://www.planalto.gov.br/ccivil_03/leis/l8625.htm>. Acesso em: 24 maio 2021.

BRASIL. Lei n. 8.906, de 4 de julho de 1994. **Diário Oficial da União**, Brasília, DF, 5 jul. 1994. Disponível em: <http://www.planalto.gov.br/ccivil_03/leis/l8906.htm>. Acesso em: 24 maio 2021.

BRASIL. Lei n. 9.099, de 26 de setembro de 1995. **Diário Oficial da União**, Brasília, DF, 27 set. 1995. Disponível em: <http://www.planalto.gov.br/ccivil_03/leis/ l9099.htm>. Acesso em: 24 maio 2021.

BRASIL. Lei n. 10.406, de 10 de janeiro de 2002. **Diário Oficial da União**, Brasília, DF, 11 jan. 2002. Disponível em: <http://www.planalto.gov.br/ccivil_03/leis/2002/L10406compilada.htm>. Acesso em: 24 maio 2021.

BRASIL. Lei n. 11.689, de 9 de junho de 2008. **Diário Oficial da União**, Brasília, DF, 10 jun. 2008a. Disponível em: <http://www.planalto.gov.br/ccivil_03/_ato2007-2010/2008/lei /l11689.htm>. Acesso em: 24 maio 2021.

BRASIL. Lei n. 11.719, de 20 de junho de 2008. **Diário Oficial da União**, Brasília, DF, 23 jun. 2008b. Disponível em: <http://www.planalto.gov.br/ccivil_03/_ato2007-2010/2008/lei/l11719.htm>. Acesso em: 24 maio 2021.

BRASIL. Lei n. 13.431, de 4 de abril de 2017. **Diário Oficial da União**, Brasília, DF, 5 abr. 2017a. Disponível em: <http://www.planalto.gov.br/ccivil_03/_ato2015-2018/2017/lei/l13431.htm>. Acesso em: 24 maio 2021.

BRASIL. Lei n. 13.964, de 24 de dezembro de 2019. **Diário Oficial da União**, Brasília, DF, 24 dez. 2019a. Disponível em: <http://www.planalto.gov.br/ccivil_03/_Ato2019-2022/2019/Lei/L13964.htm>. Acesso em: 24 maio 2021.

BRASIL. Lei Complementar n. 35, de 14 de março de 1979. **Diário Oficial da União**, Brasília, DF, 14 mar. 1979. Disponível em: <http://www.planalto.gov.br/ccivil_03/leis/ lcp/lcp35.htm>. Acesso em: 24 maio 2021.

BRASIL. Superior Tribunal de Justiça. Agravo Interno no Agravo em Recurso Especial n. 971.119/SP, de 2 de agosto de 2018. Relator: Ministro Joel Ilan Paciornik. **Diário da Justiça Eletrônico**, Brasília, DF, 13 ago. 2018a. Disponível em: <https://scon.stj.jus.br/SCON/GetInteiroTeorDoAcordao?num_registro=201602201778&dt_publicacao=13/08/2018>. Acesso em: 24 maio 2021.

BRASIL. Superior Tribunal de Justiça. Agravo Regimental no Agravo em Recurso Especial n. 1.139.192/PR, de 20 de novembro de 2017. Relator: Ministro Nefi Cordeiro. **Diário da Justiça Eletrônico**, Brasília, DF, 11 maio. 2018b. Disponível em: <https://scon.stj.jus.br/SCON/GetInteiroTeorDoAcordao?num_registro=201701798199&dt_publicacao=11/05/2018>. Acesso em: 24 maio 2021.

BRASIL. Superior Tribunal de Justiça. Agravo Regimental no Agravo em Recurso Especial n. 1.242.207/AM, de 3 de maio de 2018. Relator: Ministro Felix Fischer. **Diário da Justiça Eletrônico**, Brasília, DF, 25 maio 2018c. Disponível em: <https://scon.stj.jus.br/SCON/GetInteiroTeorDoAcordao?num_registro=201800236538&dt_publicacao=25/05/2018>. Acesso em: 24 maio 2021.

BRASIL. Superior Tribunal de Justiça. Agravo Regimental no Agravo em Recurso Especial n. 1.260.812/MG, de 7 de junho de 2018. Relator: Ministro Jorge Mussi. **Diário da Justiça Eletrônico**, Brasília, DF, 15 jun. 2018d. Disponível em <https://scon.stj.jus.br/SCON/GetInteiroTeorDoAcordao?num_registro=201800554988&dt_publicacao=15/06/2018>. Acesso em: 24 maio 2021.

BRASIL. Superior Tribunal de Justiça. Agravo Regimental no Agravo em Recurso Especial n. 1.632.413 SP, de 12 de maio de 2020. Relator: Ministro Reynaldo Soares da Fonseca. **Diário da Justiça Eletrônico**, Brasília, DF, 19 mai. 2020a. Disponível em: <https://scon.stj.jus.br/SCON/GetInteiroTeorDoAcordao?num_registro=201903692987&dt_publicacao=19/05/2020>. Acesso em: 24 maio 2021.

BRASIL. Superior Tribunal de Justiça. Agravo Regimental no Agravo em Recurso Especial n. 1.664.028/PR, de 26 de maio de 2020. Relator: Ministro Reynaldo Soares da Fonseca. **Diário da Justiça Eletrônico**, Brasília, DF, 2 jun. 2020b. Disponível em: <https://scon.stj.jus.br/SCON/GetInteiroTeorDoAcordao?num_registro=202000358475&dt_publicacao=02/06/2020>. Acesso em: 24 maio 2021.

BRASIL. Superior Tribunal de Justiça. Agravo Regimental no Recurso Especial n. 1.717.600/MS, de 7 de agosto de 2018. Relator: Ministro Rogério Schietti Cruz. **Diário da Justiça Eletrônico**, Brasília, DF, 21 ago. 2018e. Disponível em: <https://scon.stj.jus.br/SCON/GetInteiroTeorDoAcordao?num_registro=201800020855&dt_publicacao=21/08/2018>. Acesso em: 24 maio 2021.

BRASIL. Superior Tribunal de Justiça. Agravo Regimental no Recurso Especial n. 1.740.921/GO, de 1º de agosto de 2018. Relator: Ministro Ribeiro Dantas. **Diário da Justiça Eletrônico**, Brasília, DF, 19 nov. 2018f. Disponível em: <https://scon.stj.jus.br/SCON/GetInteiroTeorDoAcordao?num_registro=201801137547&dt_publicacao=19/11/2018>. Acesso em: 24 maio 2021.

BRASIL. Superior Tribunal de Justiça. Agravo Regimental no Recurso Especial n. 1.814.988/PR, de 17 de dezembro de 2019. Relator: Ministro Reynaldo Soares da Fonseca. **Diário da Justiça Eletrônico**, Brasília, DF, 19 dez. 2019b. Disponível em: <https://scon.stj.jus.br/SCON/GetInteiroTeorDoAcordao?num_registro=201901444618&dt_publicacao=19/12/2019>. Acesso em: 24 maio 2021.

BRASIL. Superior Tribunal de Justiça. Agravo Regimental no Recurso Especial n. 1.815.618/RS, de 18 de agosto de 2020. Relator: Ministro Rogério Schietti Cruz. **Diário da Justiça Eletrônico**, Brasília, DF, 26 ago. 2020c. Disponível em: <https://scon.stj.jus.br/SCON/GetInteiroTeorDoAcordao?num_registro=201901471223&dt_publicacao=26/08/2020>. Acesso em: 24 maio 2021.

BRASIL. Superior Tribunal de Justiça. Agravo Regimental no Recurso Especial n. 1.821.501/PR, de 28 de abril de 2020. Relator: Ministro Joel Ilan Paciornik. **Diário da Justiça Eletrônico**, Brasília, DF, 4 maio 2020d. Disponível em: <https://scon.stj.jus.br/SCON/GetInteiroTeorDoAcordao?num_registro=201901792933&dt_publicacao=04/05/2020>. Acesso em: 24 maio 2021.

BRASIL. Superior Tribunal de Justiça. Agravo Regimental no Recurso Especial n. 1.826.160/PR, de 27 de agosto de 2019. Relator: Ministro Reynaldo Soares da Fonseca. **Diário da Justiça Eletrônico**, Brasília, DF, 10 set. 2019c. Disponível em: <https://scon.stj.jus.br/SCON/GetInteiroTeorDoAcordao?num_registro=201902045907&dt_publicacao=10/09/2019>. Acesso em: 24 maio 2021.

BRASIL. Superior Tribunal de Justiça. Agravo Regimental no Recurso Especial n. 1.828.768/MS, de 16 de junho de 2020. Relator: Ministro Antonio Saldanha Palheiro. **Diário da Justiça Eletrônico**, Brasília, DF, 25 jun. 2020e. Disponível em: <https://scon.stj.jus.br/SCON/GetInteiroTeorDoAcordao?num_registro=201902212078&dt_publicacao=25/06/2020>. Acesso em: 24 maio 2021.

BRASIL. Superior Tribunal de Justiça. Agravo Regimental no Habeas Corpus n. 528.503/SC, de 8 de setembro de 2020. Relator: Ministro Joel Ilan Paciornik. **Diário da Justiça Eletrônico**, Brasília, DF, 14 set. 2020f. Disponível em: <https://scon.stj.jus.br/SCON/GetInteiroTeorDoAcordao?num_registro=201902484410&dt_publicacao=14/09/2020>. Acesso em: 24 maio 2021.

BRASIL. Superior Tribunal de Justiça. Agravo Regimental no Habeas Corpus n. 566.925/PB, de 13 de abril de 2020. Relator: Ministro Jorge Mussi. **Diário da Justiça Eletrônico**, Brasília, DF, 20 abr. 2020g. Disponível em: <https://scon.stj.jus.br/SCON/GetInteiroTeorDoAcordao?num_registro=202000682922&dt_publicacao=20/04/2020>. Acesso em: 24 maio 2021.

BRASIL. Superior Tribunal de Justiça. Agravo Regimental no Habeas Corpus n. 602.291/SC, de 1 de dezembro de 2020. Relator: Ministro João Otávio de Noronha. **Diário da Justiça Eletrônico**, Brasília, DF, 7 dez. 2020h. Disponível em: <https://scon.stj.jus.br/SCON/GetInteiroTeorDoAcordao?num_registro=202001922276&dt_publicacao=07/12/2020>. Acesso em: 24 maio 2021.

BRASIL. Superior Tribunal de Justiça. Agravo Regimental no Recurso Especial n. 1.404.758/SP, de 7 de novembro de 2017. Relator: Ministro Joel Ilan Paciornik. **Diário da Justiça Eletrônico**, Brasília, DF, 14 nov. 2017b. Disponível em: <https://scon.stj.jus.br/SCON/GetInteiroTeorDoAcordao?num_registro=201303185918&dt_publicacao=14/11/2017>. Acesso em: 24 maio 2021.

BRASIL. Superior Tribunal de Justiça. Agravo Regimental no Recurso Especial n. 1.654.684/SP, de 4 de setembro de 2018. Relator: Ministro Nefi Cordeiro. **Diário da Justiça Eletrônico**, Brasília, DF, 12 set. 2018g. Disponível em: <https://scon.stj.jus.br/SCON/GetInteiroTeorDoAcordao?num_registro=201700346361&dt_publicacao=12/09/2018>. Acesso em: 24 maio 2021.

BRASIL. Superior Tribunal de Justiça. Agravo Regimental no Recurso Especial n. 1.826.160/PR, de 27 de agosto de 2019. Relator: Ministro Reynaldo Soares da Fonseca. **Diário da Justiça Eletrônico**, Brasília, DF, 10 set. 2019d. Disponível em: <https://scon.stj.jus.br/SCON/GetInteiroTeorDoAcordao?num_registro=201902045907&dt_publicacao=10/09/2019>. Acesso em: 24 maio 2021.

BRASIL. Superior Tribunal de Justiça. Habeas Corpus n. 26.528/SC, de 20 de maio de 2004. Relator: Ministro Paulo Gallotti. **Diário da Justiça Eletrônico**, Brasília, DF, 9 maio 2005. Disponível em: <https://scon.stj.jus.br/SCON/GetInteiroTeorDoAcordao?num_registro=200300046102&dt_publicacao=09/05/2005>. Acesso em: 24 maio 2021.

BRASIL. Superior Tribunal de Justiça. Habeas Corpus n. 129.377/SP, de 22 de novembro de 2011. Relatora: Ministra Laurita Vaz. **Diário da Justiça Eletrônico**, Brasília, DF, 2 dez. 2011a. Disponível em: <https://scon.stj.jus.br/SCON/GetInteiroTeorDoAcordao?num_registro=200900317337&dt_publicacao=02/12/2011>. Acesso em: 24 maio 2021.

BRASIL. Superior Tribunal de Justiça. Habeas Corpus n. 241.971/MS, de 17 de dezembro de 2013. Relator: Ministro Jorge Mussi. **Diário da Justiça Eletrônico**, Brasília, DF, 5 fev. 2014a. Disponível em: <https://scon.stj.jus.br/SCON/GetInteiroTeorDoAcordao?num_registro=201200953186&dt_publicacao=05/02/2014>. Acesso em: 24 maio 2021.

BRASIL. Superior Tribunal de Justiça. Habeas Corpus n. 348.327/MT, de 21 de março de 2019. Relator: Ministro Jorge Mussi. **Diário da Justiça Eletrônico**, Brasília, DF, 28 mar. 2019e. Disponível em: <https://scon.stj.jus.br/SCON/GetInteiroTeorDoAcordao?num_registro=201600266645&dt_publicacao=28/03/2019>. Acesso em 24 maio 2021.

BRASIL. Superior Tribunal de Justiça. Habeas Corpus n. 348.349/BA, de 17 de maio de 2016. Relator: Ministro Jorge Mussi. **Diário da Justiça Eletrônico**, Brasília, DF, 25 maio 2016a. Disponível em: <https://scon.stj.jus.br/SCON/GetInteiroTeorDoAcordao?num_registro=201600267376&dt_publicacao=25/05/2016>. Acesso em: 24 maio 2021.

BRASIL. Superior Tribunal de Justiça. Habeas Corpus n. 365.008/PB, de 17 de abril de 2018. Relator: Ministro Sebastião Reis Júnior. **Diário da Justiça Eletrônico**, Brasília, DF, 21 maio 2018h. Disponível em: <https://scon.stj.jus.br/SCON/GetInteiroTeorDoAcordao?num_registro=201602011380&dt_publicacao=21/05/2018>. Acesso em: 24 maio 2021.

BRASIL. Superior Tribunal de Justiça. Habeas Corpus n. 468.805/PR, de 12 de março de 2019. Relator: Ministro Reynaldo Soares da Fonseca. **Diário da Justiça Eletrônico**, Brasília, DF, 25 mar. 2019f. Disponível em: <https://scon.stj.jus.br/SCON/GetInteiroTeorDoAcordao?num_registro=201802360211&dt_publicacao=25/03/2019>. Acesso em: 24 maio 2021.

BRASIL. Superior Tribunal de Justiça. Habeas Corpus n. 498.441/SP, de 17 de setembro de 2019. Relator: Ministro Sebastião Reis Júnior. **Diário da Justiça Eletrônico**, Brasília, DF, 25 set. 2019g. Disponível em: <https://scon.stj.jus.br/SCON/GetInteiroTeorDoAcordao?num_registro=201900725640&dt_publicacao=25/09/2019>. Acesso em: 24 maio 2021.

BRASIL. Superior Tribunal de Justiça. Habeas Corpus n. 498.993/RS, de 17 de junho de 2019. Relator: Ministro Reynaldo Soares da Fonseca. **Diário da Justiça Eletrônico**, Brasília, DF, 16 jun. 2019h. Disponível em: <https://processo.stj.jus.br/processo/monocraticas/decisoes/?num_registro=201900750778&dt_publicacao=19/06/2019>. Acesso em: 24 maio 2021.

BRASIL. Superior Tribunal de Justiça. Habeas Corpus n. 552.968/RJ, de 13 de fevereiro de 2020. Relator: Ministro Nefi Cordeiro. **Diário da Justiça Eletrônico**, Brasília, DF, 17 fev. 2020i. Disponível em: <https://processo.stj.jus.br/processo/monocraticas/decisoes/?num_registro=201903787546&dt_publicacao=17/02/2020>. Acesso em: 24 maio 2021.

BRASIL. Superior Tribunal de Justiça. Habeas Corpus n. 605.916/PR, de 24 de agosto de 2020. Relator: Ministro Antonio Saldanha Palheiro. **Diário da Justiça Eletrônico**, Brasília, DF, 23 nov. 2020j. Disponível em: <https://processo.stj.jus.br/processo/monocraticas/decisoes/?num_registro=202002057087&dt_publicacao=23/11/2020>. Acesso em: 24 maio 2021.

BRASIL. Superior Tribunal de Justiça. Habeas Corpus n. 619.951/SC, de 15 de outubro de 2020. Relator: Ministro Sebastião Reis Júnior. **Diário da Justiça Eletrônico**, Brasília, DF, 16 out. 2020k. Disponível em: <https://processo.stj.jus.br/processo/monocraticas/decisoes/?num_registro=202002736874&dt_publicacao=16/10/2020>. Acesso em: 24 maio 2021.

BRASIL. Superior Tribunal de Justiça. Recurso Especial n. 942.407/SP, de 4 de agosto de 2015. Relator: Ministro Rogério Schietti. **Diário da Justiça Eletrônico**, Brasília, DF, 23 set. 2015a. Disponível em: <https://scon.stj.jus.br/SCON/GetInteiroTeorDoAcordao?num_registro=200700669003&dt_publicacao=23/09/2015>. Acesso em: 24 maio 2021.

BRASIL. Superior Tribunal de Justiça. Recurso Especial n. 1.706.918/RS, de 3 de maio de 2018. Relator: Ministro Jorge Mussi. **Diário da Justiça Eletrônico**, Brasília, DF, 9 maio. 2018i. Disponível em: <https://scon.stj.jus.br/SCON/GetInteiroTeorDoAcordao?num_registro=201702817108&dt_publicacao=09/05/2018>. Acesso em: 24 maio 2021.

BRASIL. Superior Tribunal de Justiça. Recurso Ordinário em Habeas Corpus n. 48.001/SP, de 13 de junho de 2017. Relator: Ministro Ribeiro Dantas. **Diário da Justiça Eletrônico**, Brasília, DF, 23 jun. 2017c. Disponível em: <https://scon.stj.jus.br/SCON/GetInteiroTeorDoAcordao?num_registro=201401152410&dt_publicacao=23/06/2017>. Acesso em: 24 maio 2021.

BRASIL. Superior Tribunal de Justiça. Recurso Ordinário em Mandado de Segurança n. 54.183/SP, de 13 de agosto de 2019. Relator: Ministro Ribeiro Dantas. **Diário da Justiça Eletrônico**, Brasília, DF, 2 set. 2019i. Disponível em: <https://scon.stj.jus.br/SCON/GetInteiroTeorDoAcordao?num_registro=201701240397&dt_publicacao=02/09/2019>. Acesso em: 24 maio 2021.

BRASIL. Superior Tribunal de Justiça. Súmula n. 64, de 3 de dezembro de 1992. **Diário da Justiça**, Brasília, DF, 9 dez. 1992. Disponível em: <https://scon.stj.jus.br/SCON/GetInteiroTeorDoAcordao?cod_doc_jurisp=16708>. Acesso em: 24 maio 2021.

BRASIL. Superior Tribunal de Justiça. Súmula n. 191, de 25 de junho de 1997. **Diário da Justiça**, Brasília, DF, 1 ago. 1997. Disponível em:<https://www.stj.jus.br/docs_internet/revista/eletronica/stj-revista-sumulas-2010_14_capSumula191.pdf>. Acesso em: 24 maio 2021.

BRASIL. Superior Tribunal de Justiça. Súmula n. 231, de 22 de setembro de 1999. **Diário da Justiça**, Brasília, DF, 15 out. 1999. Disponível em: <https://www.stj.jus.br/docs_internet/revista/eletronica/stj-revista-sumulas-2011_17_capSumula231.pdf>. Acesso em: 24 maio 2021.

BRASIL. Superior Tribunal de Justiça. Tese n. 10. **Jurisprudência em teses**, n. 29, p. 4. Brasília, 4 mar. 2015b. Disponível em: <https://www.stj.jus.br/publicacaoinstitucional/index.php/JuriTeses/article/view/11259/11388>. Acesso em: 24 maio 2021.

BRASIL. Superior Tribunal de Justiça. Tese n. 8. **Jurisprudência em teses**, n. 75, p. 3. Brasília, 22 fev. 2017d. Disponível em: <https://www.stj.jus.br/publicacaoinstitucional/index.php/JuriTeses/article/view/11322/11451>. Acesso em: 24 maio 2021.

BRASIL. Supremo Tribunal Federal. Arguição de Descumprimento de Preceito Fundamental n. 43, de 24 de outubro de 2019. Relator: Ministro Marco Aurélio. **Diário da Justiça Eletrônico**, Brasília, DF, 12 nov. 2020l.

BRASIL. Supremo Tribunal Federal. Arguição de Descumprimento de Preceito Fundamental n. 44, de 24 de outubro de 2019. Relator: Ministro Marco Aurélio. **Diário da Justiça Eletrônico**, Brasília, DF, 12 nov. 2020m.

BRASIL. Supremo Tribunal Federal. Arguição de Descumprimento de Preceito Fundamental n. 54, de 12 abril de 2012. Relator: Ministro Marco Aurélio. **Diário da Justiça Eletrônico**, Brasília, DF, 12 nov. 2012. Disponível em: <http://redir.stf.jus.br/paginadorpub/paginador.jsp?docTP=TP&docID=3707334>. Acesso em: 24 maio 2021.

BRASIL. Supremo Tribunal Federal. Habeas Corpus n. 80.133/PA, de 13 de junho de 2000. Relator: Ministro Octavio Gallotti. **Diário da Justiça Eletrônico**, Brasília, DF, 21 set. 2001. Disponível em: <http://portal.stf.jus.br/processos/detalhe.asp?incidente=1817656>. Acesso em: 24 maio 2021.

BRASIL. Supremo Tribunal Federal. Habeas Corpus n. 94.318/SP, de 22 de maio de 2009. Relator: Ministro Ayres Britto. **Diário da Justiça Eletrônico**, Brasília, DF, 22 maio 2009. Disponível em: <http://portal.stf.jus.br/processos/detalhe.asp?incidente=2609550>. Acesso em: 24 maio. 2021.

BRASIL. Supremo Tribunal Federal. Habeas Corpus n. 120.678/PR, de 31 de março de 2015. Relator: Ministro Luiz Fux. **Diário da Justiça Eletrônico**, Brasília, DF, 6 abr. 2015c. Disponível em: <http://portal.stf.jus.br/processos/detalhe.asp?incidente=4510997>. Acesso em: 24 maio 2021.

BRASIL. Supremo Tribunal Federal. Habeas Corpus n. 130.314/DF, de 26 de outubro de 2016. Relator: Ministro Teori Zavascki. **Diário da Justiça Eletrônico**, Brasília, DF, 5 dez. 2016b. Disponível em: <http://portal.stf.jus.br/processos/detalhe.asp?incidente=4847670>. Acesso em: 24 maio 2021.

BRASIL. Supremo Tribunal Federal. Habeas Corpus n. 139.612/MG, de 25 de abril de 2017. Relator: Ministro Alexandre de Moraes. **Diário da Justiça Eletrônico**, Brasília, DF, 9 jun. 2017e. Disponível em: <http://portal.stf.jus.br/processos/detalhe.asp?incidente=5114135>. Acesso em: 24 maio 2021.

BRASIL. Supremo Tribunal Federal. Habeas Corpus n. 140.449/RJ, de 6 de novembro de 2018. Relator: Ministro Marco Aurélio. **Diário da Justiça Eletrônico**, Brasília, DF, 1º fev. 2019j. Disponível em: <http://portal.stf.jus.br/processos/detalhe.asp?incidente=5129090>. Acesso em: 24 maio 2021.

BRASIL. Supremo Tribunal Federal. Habeas Corpus n. 152.752/PR, de 4 de abril de 2018. Relator: Ministro Edson Fachin. **Diário da Justiça Eletrônico**, Brasília, DF, 27 jun. 2018j. Disponível em: <http://portal.stf.jus.br/processos/detalhe.asp?incidente=5346092>. Acesso em: 24 maio 2021.

BRASIL. Supremo Tribunal Federal. Habeas Corpus n. 153.817/RS, de 14 de maio de 2018. Relator: Ministro Edson Fachin. **Diário da Justiça Eletrônico**, Brasília, DF, 17 maio 2018k. Disponível em: <http://portal.stf.jus.br/processos/detalhe.asp?incidente=5365185>. Acesso em: 24 maio 2021.

BRASIL. Supremo Tribunal Federal. Habeas Corpus n. 180.144/GO, de 10 de outubro de 2020. Relator: Ministro Celso de Mello. **Diário da Justiça Eletrônico**, Brasília, DF, 22 out. 2020n. Disponível em: <http://portal.stf.jus.br/processos/detalhe.asp?incidente=5839192>. Acesso em: 24 maio 2021.

BRASIL. Supremo Tribunal Federal. Recurso Extraordinário n. 1.235.340/SC, de 8 de maio de 2020. Relator: Ministro Roberto Barroso. **Diário da Justiça Eletrônico**, Brasília, DF, 12 maio. 2020o. Disponível em: <http://portal.stf.jus.br/processos/detalhe.asp?incidente=5776893>. Acesso em: 24 maio 2021.

BRASIL. Supremo Tribunal Federal. Recurso Extraordinário com Agravo n. 1.067.392/CE, de 23 de março de 2019. Relator: Ministro Gilmar Mendes. **Diário da Justiça Eletrônico**, Brasília, DF, 2 jul. 2020p. Disponível em: <http://portal.stf.jus.br/processos/detalhe.asp?incidente=5242573>. Acesso em: 24 maio 2021.

BRASIL. Supremo Tribunal Federal. Recurso Extraordinário com Agravo n. 1.129.768/PA, de 18 de maio de 2018. Relator: Ministro Celso de Mello. **Diário da Justiça Eletrônico**, Brasília, DF, 25 mai. 2018l. Disponível em: <http://portal.stf.jus.br/processos/detalhe.asp?incidente=5452013>. Acesso em: 24 maio 2021.

BRASIL. Supremo Tribunal Federal. Súmula n. 156, de 13 de dezembro de 1963. **Imprensa Nacional**, Brasília, DF, 1964a. p. 85. Disponível em: <http://www.stf.jus.br/portal/jurisprudencia/menuSumarioSumulas.asp?sumula=2745>. Acesso em: 24 maio 2021.

BRASIL. Supremo Tribunal Federal. Súmula n. 162, de 13 de dezembro de 1963. **Imprensa Nacional**, Brasília, DF, 1964b. p. 88. Disponível em: <http://www.stf.jus.br/portal/jurisprudencia/menuSumarioSumulas.asp?sumula=2749>. Acesso em: 24 maio 2021.

BRASIL. Supremo Tribunal Federal. Súmula n. 206, de 13 de dezembro de 1963. **Imprensa Nacional**, Brasília, DF, 1964c. p. 102. Disponível em: <http://www.stf.jus.br/portal/jurisprudencia/menuSumarioSumulas.asp?sumula=3571>. Acesso em: 24 maio 2021.

BRASIL. Supremo Tribunal Federal. Súmula n. 712, de 24 de setembro de 2003. **Diário de Justiça**, Brasília, DF, 9 out. 2003. Disponível em: <http://www.stf.jus.br/portal/jurisprudencia/menuSumarioSumulas.asp?sumula=2578>. Acesso em: 24 maio 2021.

CAMPOS, W. C. **Tribunal do júri:** teoria e prática. 6. ed. São Paulo: Atlas, 2018.

CASTRO, K. D. de. **O júri como instrumento do controle social.** Porto Alegre: Sérgio Antônio Fabris Editor, 1999.

CHOUKR, F. H. **Júri, reformas, continuísmos e perspectivas práticas.** Rio de Janeiro: Lumen Juris, 2009.

CHOUKR, F. H. Participação cidadã e processo penal. **Revista dos Tribunais**, São Paulo: RT, v. 782, p. 459-476, 2000.

CUNHA, R. S.; PINTO, R. B. **Código de Processo Penal e Lei de Execução Penal:** comentados artigo por artigo. 4. ed. São Paulo: Juspodivm, 2020.

DOTTI, R. A. A presença do cidadão na reforma do júri. Observações sobre a Lei n. 11.689/08 e o Projeto de Lei n. 156/09. **Revista de Informação Legislativa**, Brasília, ano 46, n. 183, p. 193-210, jul./set. 2009.

DWORKIN, R. **Levando os direitos a sério.** Tradução de Nelson Boeira. 2. ed. São Paulo: M. Fontes, 2007.

ESPÍNOLA FILHO, E. **Código de Processo Penal brasileiro anotado.** 5. ed. Rio de Janeiro: Editora Rio, 1976. v. 6.

GOMES FILHO, A. M. **Direito à prova no processo penal.** São Paulo: RT, 1997.

GRINOVER, A. P. A democratização dos tribunais penais: participação popular. **Revista de Processo**, São Paulo: Revista dos Tribunais, p. 118-127, 1988.

KURKOWSKI, R. S. O cumprimento imediato da sentença condenatória justificado pelo caráter democrático do júri. **Revista Direito e Liberdade**, v. 21, n. 3, p. 262-312, set./dez, 2019. Disponível em: <http://ww2.esmarn.tjrn.jus.br/revistas/index.php/revista_direito_ e_liberdade/article/view/1890>. Acesso em: 24 maio 2021.

LIMA, R. B. de. **Código de Processo Penal comentado**. São Paulo: Juspodivm, 2016.

LIMA, R. B. de. **Manual de processo penal**. 5. ed. São Paulo: Juspodivm, 2017.

LOPES JR., A. **Direito processual penal**. 10. ed. São Paulo: Saraiva, 2013.

LOPES JR., A; ROSA, A. M. da; Prisão obrigatória no júri é mais uma vez inconstitucional. **Consultor Jurídico**, 31 jan. 2020. Disponível em: <https://www.conjur.com.br/2020-jan-31/limite-penal-prisao-obrigatoria-juri-vez-inconstitucional>. Acesso em: 24 maio 2021.

MARQUES, J. F. **A instituição do júri**. Campinas: Bookseller, 1997.

MARREY, A.; FRANCO, A. S.; STOCO, R. **Teoria e prática do júri**. 6. ed. São Paulo: Revista dos Tribunais, 1997.

MION, R. de P. **Tribunal do Júri e revisão criminal**: entre a preservação da soberania dos vereditos e a solução de erros judiciários. 1. edição. Rio de Janeiro: Lumen Juris, 2020.

MOSSIN, H. A. **Júri**: crimes e processo. São Paulo: Atlas, 1999.

NORONHA, E. M. **Curso de direito processual penal**. 2. ed. São Paulo: Saraiva, 1966.

NUCCI, G. de S. **Código Penal comentado**. 20. ed. Rio de Janeiro: Forense, 2020.

NUCCI, G. de S. **Manual de processo penal e execução penal**. 13. ed. Rio de Janeiro: Forense, 2016.

NUCCI, G. de S. **Tribunal do júri**. 7. ed. Rio de Janeiro: Forense, 2018.

OLIVEIRA, E. P. **Curso de processo penal**. 13. ed. Rio de Janeiro: Lumen Juris, 2010.

PARANÁ. Tribunal de Justiça do Estado do Paraná. Apelação Criminal n. 0012770-21.2017.8.16.0030, de 22 de agosto de 2019. Relator: Desembargador Antônio Loyola Vieira. **Diário Eletrônico do Tribunal de Justiça do Paraná**, Curitiba, PR, 28 ago. 2019.

PARANÁ. Tribunal de Justiça do Estado do Paraná. **Editais de convocação**. Disponível em: <https://www.tjpr.jus.br/editais-convocacao-jurados>. Acesso em: 24 maio 2021.

PARANÁ. Tribunal de Justiça do Estado do Paraná. Resolução n. 249, de 6 de abril de 2020. **Diário Eletrônico do Tribunal de Justiça do Paraná**, 6 abr. 2020.

PORTO, H. A. M. **Júri**: procedimentos e aspectos do julgamento. Questionários. 10. ed. São Paulo: Saraiva, 2001.

RANGEL, P. **Direito processual penal**. 27. ed. São Paulo: Atlas, 2019.

RANGEL, P. **Tribunal do júri**: visão linguística, histórica, social e jurídica. 4. ed. Rio de Janeiro: Lumen Juris, 2012.

ROSA, I. B. da. **Processo penal brasileiro**. Porto Alegre: Globo, 1942. v. III.

SARLET, I. W.; MARINONI, L. G.; MITIDIERO, D. **Curso de direito constitucional**. 6. ed. São Paulo: Saraiva, 2017.

SCARANCE FERNANDES, A. **Processo penal constitucional**. 6. ed. São Paulo: Revista dos Tribunais, 2012.

STRECK, L. L. **Tribunal do júri**: símbolos e rituais. 3. ed. Porto Alegre: Livraria do Advogado, 2001.

TORRES, A. E. M. **Processo penal do júri nos Estados Unidos do Brasil**. Rio de Janeiro: Livr. Jacyntho, 1939.

WHITAKER, F. **Júri**. 4. ed. São Paulo: O Estado de S. Paulo, 1923.

Sobre os autores

André Peixoto de Souza
Doutor em Direito do Estado pela Universidade Federal do Paraná (UFPR). Doutor em Filosofia, História e Educação pela Universidade Estadual de Campinas (Unicamp). Advogado desde 1999, é professor nas Faculdades de Direito da UFPR, do Centro Universitário Internacional Uninter e da Universidade Tuiuti do Paraná (UTP); na Escola da Magistratura do Paraná (Emap) e no Instituto de Criminologia e Política Criminal (ICPC).

Lucas Cavini Leonardi
Bacharel e Mestre em Direito do Estado pela Universidade Federal do Paraná (UFPR). Promotor de Justiça Titular da 1ª Promotoria do Júri de Curitiba (PR) e professor na Escola da Magistratura do Paraná (Emap).

Impressão:
Junho/2021